어린이를 위한
슬기로운 돈 공부

어린이를 위한 슬기로운 돈 공부

ⓒ 한진수·이옥원 2022

초판 1쇄   2022년 10월   14일

지은이   한진수·이옥원

출판책임	박성규	펴낸이	이정원
편집주간	선우미정	펴낸곳	도서출판 들녘
편집	이동하·이수연·김혜민	등록일자	1987년 12월 12일
디자인진행	고유단	등록번호	10-156
마케팅	전병우	주소	경기도 파주시 회동길 198
멀티미디어	이지윤	전화	031-955-7374 (대표)
경영지원	김은주·나수정		031-955-7381 (편집)
제작관리	구법모	팩스	031-955-7393
물류관리	엄철용	이메일	dulnyouk@dulnyouk.co.kr

ISBN   979-11-5925-997-5 (03370)

교육 폴더
—— 11

어린이를 위한

슬기로운 돈 공부

한진수 · 이옥원 지음

푸른들녘

금융을 아는 것은 이제 현대를 살아가는 데 필수가 되었습니다. 초등학교때부터 시작한다면 더욱 좋겠지요. 여기 금융교육의 전문가와 현장의 금융 전문가가 공동으로 집필한 책이 있어 기꺼이 추천드립니다. 초등학교 학생은 물론 이를 지도하시는 선생님들께도 큰 도움이 될 것으로 생각합니다.

-김경모
한국경제교육학회 회장(국립경상대학교 교수, 교육학 박사)

이 책은 돈이 무엇이며 어떻게 관리해야 하는지, 돈을 다스릴 줄 아는 현명하고 믿음직한 사람이 되려면 어떻게 해야 하는지, 어릴 때부터 돈에 관련된 여러 가지 좋은 습관을 길러주는 알찬 길잡이입니다.

-김성진
경제교육단체협의회 회장(전 해양수산부 장관)

돈에 대해 알아야 할 거의 모든 것을 체계적으로 종합한 책입니다. 돈의 탄생(과거)에서 현재의 금융생활, 미래를 위해 알아야 할 돈 이야기를 쉽고 재미있게 설명한 금융교육 완결서로 독자 여러분에게 일독을 권합니다.

-박원배
어린이경제신문사 대표(전 서울경제신문 산업부장)

우리나라 최고의 경제교육 전문가들이 쓴 초등학생을 위한 친절한 금융 교육 안내서! 학생, 학부모, 교사 모두에게 자신 있게 추천합니다.

-장신호
서울교육대학교 교수(교육학 박사, 창의융합교육연구센터장)

"어떻게 해야 부자가 될 수 있을까?" "돈을 잘 버는 방법이 뭘까?"

우리는 거의 매일 돈에 대해 고민하거나 돈을 애기하며 살아요.

돈이 중요하고 돈 없이는 살 수 없기 때문이지요.

하지만 학교에서는 돈에 대해서 잘 가르치지 않아요.

그러다 보니 돈을 어떻게 모으고, 쓰고, 불리고, 나눌지에 대한 삶의 지혜를 배우지 못하지요.

그래서 실수로 큰돈을 한꺼번에 날리는 사람, 돈을 벌 소중한 기회를 놓치는 사람, 돈에 대해서 비뚤어진 태도를 지니는 사람이 생겨요.

어려서부터 돈을 공부하는 일은, 다른 어떤 공부보다도 중요해요.

공부를 잘 해서 원하는 직업을 가지더라도 돈을 제대로 다스릴 줄 모르면 소용없어요.

들어온 돈이 자신도 모르는 사이에 술술 새나가니까요.

부자와는 거리가 멀어지겠지요.

돈에 관한 공부는 일찍 시작할수록 좋아요.

누구나 돈을 쓰고 있잖아요.

그러니까 그 돈에 대해서 잘 알아야 해요. 바로 지금부터 말이에요.

여러분에게 돈을 합리적으로 관리하는 방법을 알려주고 돈과 관련해서 좋은 습관을 길러주려고 이 책을 준비했어요.

이 책을 통해 학습하게 될 지혜와 능력은 평생 쓸모 있을 거예요.

돈에 밝은 어린이, 돈을 현명하게 관리할 줄 아는 어린이, 돈 앞에 자신 있는 어린이, 돈을 소중하게 여기고 다른 사람을 위해 돈을 나누는 어린이가 되기를 바라요.

한마디로 돈을 다스릴 줄 아는 믿음직한 어린이지요.

이제 함께 돈 여행을 떠나볼까요?

지은이로부터

차 례

첫 번째 시간
돈 챙기기

돈, 어째서 다스려야 할까?

돈 벌기보다 돈 관리가 중요하다고?

A와 B라는 어른 두 사람이 있어. A는 한 달에 200만 원을 벌고, B는 그보다 훨씬 많은 500만 원을 벌어. 두 사람 중 누가 돈 걱정 없이 행복하게 살 수 있을까? 누가 노후에 편안하게 지낼 수 있을까?

다들 한 달에 500만 원을 버는 어른 B일 거라고 생각할 거야. 이 생각은 맞을 수도 있고 틀릴 수도 있어. 왜 그러냐고? 이런 경우를 한번 상상해보자고.

A는 B보다 적은 200만 원 수입을 올리지만 늘 아껴 쓰고, 절약한 돈으로 저축도 하고 투자도 해서 돈을 많이 모았어. 그런데 B는 친구들보다 많이 번다는 걸 뻐기면서 흥청망청 돈을 썼어. 모으기는커녕 결국 빚까지 지게 되었지.

자, 이제 위에서 던진 질문에 자신 있게 답할 수 있겠지? 평소에 돈을 잘 관리한 A가 B보다 적은 소득으로도 더 편안한 삶을 살 수 있고, 돈 걱정 없이 편안하게 노후를 보낼 수 있는 거야.

　돈 관리가 중요하다는 것을 쉽게 설명하려고 조금 극단적인 예를 들었지만, 꼭 기억해야 할 사실은 많이 버는 것보다 번 돈을 어떻게 관리하는지가 더 중요하다는 점이야. 많은 사람이 돈을 많이 벌면 부자가 될 수 있다고 생각해. 뭐, 틀린 말은 아니지. 많이 벌면 많이 모을 수도 있거든. 하지만 백 퍼센트 옳은 답은 아니야. 부자가 되려면 돈 관리를 잘 해야 해.

　돈을 제대로 관리하지 못하면 어렵고 불편한 생활에서 벗어나기 힘들어. 질병이나 노화처럼 기본적으로 돈이 필요한 상황에 처했을 때 곤란을 겪기도 할 거야. 어쩌면 가난에 허덕이며 죽을지도 몰라. 이런 상황엔 본인의 책임도 크지. 실제로 둘러보면 얼굴과 피부는 열심히 관리하면서도 돈 관리는 소홀히 하는 사람이 있어. 정말 어리석은 사람이야. 그들은 뭐가 진짜로 중요한지 모르는 거지.

　부자가 되고 싶다면서 돈 관리에는 신경 쓰지 않은 채, 로또를 사며 일확천금을 기다리는 사람도 있어. 역시 어리석은 사람이야. 돈이 아무리 많이 생기더라도 제대로 관리하지 못하면 금세 사라져버리는데 말이야. 손바닥 위에 있는 모래가 손가락 틈으로 모두 빠져나가는 것처럼.

　그런데, 돈 관리는 돈이 많고 재산을 많이 가진 사람이나 하는 거라고 생각하는 친구도 있어. 이것도 옳은 생각은 아니야. 돈이 많은 사람에게도 돈 관리가 필요하지만, 돈이 적은 사람에게도 필요해. 실은 돈이 적을수록 더 잘, 더 세심하게 관리해야지. 왜냐고? 돈을 어떤 일에 쓰는지, 얼마나 만족스럽게 썼는지에 따라서 결과가 완전히 달라지기 때문이야.

그럼, 돈을 벌지 못하는 여러분 또래에게는 돈 관리가 필요 없을까? 아니야. 여러분도 용돈을 받으니까 돈을 어떻게 관리해야 좋을지 알아두어야 해. 세 살 버릇 여든까지 간다는 말도 있잖아?

돈에 대한 **자신감**을 키우자

용돈을 받는 친구에게도 돈 관리가 중요해. 용돈을 받자마자 금세 없어진다고? 용돈 관리를 제대로 못 한 탓이지.

용돈이 터무니없이 적어서 불만이라고? 혹시 중요하지도 않은 물건을 사느라 써버리고 나서, 용돈이 적다고 투덜대는 건 아니고?

돈 관리를 제대로 하지 않으면 아무리 돈을 벌어도 순식간에 사라지는 경험을 하게 마련이야. 매달 급여를 받는 사람들 중 어떤 이들은 "월급님이 통장에 로그인했다가 흔적도 없이 사라졌다"고 우는 소리를 해. "다음 월급날까지 어떻게 살아지?" 고민하며 하루하루를 지내지. 이런 사람은 돈의 노예가 되기 쉬워. 그러나 여러분은 이런 삶을 원하는 게 아니잖아?

우리는 어렸을 때부터 돈을 잘 관리해서 돈 앞에 당당해지고, **돈의 주인**이 되는 법을 배워야 해. 그래야 돈에 끌려다니거나 돈의 노예가 되지 않지.

처음에는 돈 관리가 대체 뭐지, 어떻게 하는 거야, 하면서 불편해할 수 있어. 염려하지 마. 처음부터 잘할 수는 없어. 실수하더라도 차근차근 배우고, 불편하더라도 조금 참으면서 한 걸음씩 앞으로 나아가면 되는 거야.

아, 여러분이 좋아하는 게임이라고 생각하면 되겠다! 게임할 때도 처음엔 낮은 레벨부터 시작하잖아? 그러다가 차츰 이것저것 공략법을 익히고 능력을 키워나가다 보면 승승장구하게 되고 더 높은 레벨로 올라가게 되지. 게임도 점점 재미있어지고 고수가 되면서 자신감도 생기지. 돈 관리도 마찬가지야. 자꾸 하다 보면 레벨이 올라가고 돈에 대한 **자신감**이 충만해진다고.

용돈 관리를 잘 하면 이다음에 어른이 되어도 문제 없어. 돈이 많으면 많은 대로 적으면 적은 대로 자신감을 갖고 돈을 관리할 수 있게 될 거야. 용돈 만 원도 다스리지 못하는 사람이 수백만 원의 돈을 제대로 다스릴 리 없겠지?

이제부터 하나하나 차근차근 돈을 관리하는 방법을 배울 거야. 그러려면 우선 돈이 무엇인지부터 알아야 해. 여러분이 관리하려는 돈이란 게 도대체 무엇인지 알아야 관리를 하든 말든 할 게 아니겠어? 그리고 난 다음엔 관리할 돈을 버는 방법을 알아가겠지. 이건 소득에 관한 이야기야. 다음 차례는? 맞아, 돈을 벌었으면 어떻게 써야 하는지가 중요하겠지? 그러니 합리적 소비란 무엇인가, 그러니까 돈을 낭비하지 않고 영리하게 쓸 것인가에 대해 알아보는 거지.

돈을 차근차근 모아 저축할 필요도 있어. 그래야 새 게임기나 스케이트보드를 살 수 있으니까.

돈을 더 많이 불릴 필요도 있겠지? 어른들이 자주 말하는 주식 투자나 부동산 투자 등으로 돈을 버는 일들이 여기 속해.

들어온 돈을 잘 유지하고 지키는 일도 중요해. 사고가 나면 큰돈이 한꺼번에 새나가기 때문이야. 그래서 사람들은 오래전부터 이런 일에 대비하기 위한 시스템을 만들어왔는데, 바로 보험과 관련된 이야기지.

때로는 어쩔 수 없이 다른 사람에게서나 은행에서 돈을 빌려야 할 경우가 생기기도 해. 이걸 대출이라고 하는데, 대출을 받을 때엔 특히 신용이 중요해. 이 사람에게 돈을 빌려줘도 되겠구나, 앞으로 성실하게 갚겠구나, 하는 믿음이 생겨야 한다는 뜻이지.

마지막으로 다른 사람에게 자신의 돈을 나누어주는 일도 있어. 마음을 행복하게 해주는 기부 이야기지.

어때? 돈 관리엔 제법 많은 이야기가 숨어 있지? 우린 지금부터 이런 이야기들을 하나씩 함께 나눌 거야. 이야기하는 순서는 중요하지 않아. 모두 한결같이 중요하지만, 동시에 할 수 없어서 하나씩 설명하는 것뿐이야. 이제 시작해볼까?

돈 관리 공부에 도움 되는 낱말들

돈을 제대로 관리하려면 여러 가지 능력과 기술이 필요해. 첫 출발은 다음과 같은 낱말(핵심 개념)을 잘 기억하는 데서 시작해야 해. 게임 초보자가 아이템이나 룰 등을 익히는 것과 같지. 이런 말들은 돈 관리와 관련해서 계속 나오니까 잊으면 안 돼.

(1) 소득

여러분의 주머니나 지갑으로 들어오는 돈을 말해. 어른이 되면 각자 직업을 갖고 일을 해서 소득을 얻지.

(2) 수입

소득과 수입은, 아주 특별한 경우를 빼면, 같은 말이야. 둘 다 들어오는 돈이라는 뜻이지. 그런데 특별한 경우도 있어.

친구에게서 돈을 빌렸다고 생각해봐. 빌린 돈은 수입이지만, 소득이라고 하지는 않아. 다른 사람에게서 빌린 돈도 내 주머니로 들어왔으니 수입인 건 맞지만, 내가 일을 해서 번 소득은 아니잖아.

(3) 소비

생활을 유지하는 데 필요한 것들을 사거나 갖고 싶은 물건을 사는 데 돈을 쓰는 걸 말해. 소득과 정반대로 여러분의 주머니에서 돈이 나가는 거지.

(4) 지출

소비하는 데 쓰는 돈 말고 정부에 세금을 내려고 쓰는 돈, 대출 이자로 은행에 내는 돈 등을 모두 지출이라고 해. 소비나 지출 모두 나가는 돈이라는 점이 같아. 여러분은 용돈을 받았다고 해서 세금을 내지 않잖아? 그러니까 여러분의 경우에는 소비와 지출이 같다고 볼 수 있어.

(5) 저축

소득이 소비보다 많으면, 남은 돈으로 저축을 할 수 있어. 저축은 재산을 늘리는 데 큰 보탬이 되지.

(6) 재산(부)

각자 소유하고 있는 돈, 땅, 집, 가구, 귀금속 등을 합한 거야.

(7) 부채(빚)

다른 사람에게 갚아야 할 돈이야. 갚아야 할 빚이 있는데도 재산이 많다고 착각하고 소비하는 걸 멈추지 못하는 사람이 있어. 돈 관리에 실패하는 사람이지. 재산이 많더라도 빚이 더 많으면 사실상 재산은 없는 셈인데 말이야.

예산을 잘 짜고 돈 관리를 현명하게 하는 첫 출발은 자신의 소득(수입)과 소비(지출)가 얼마이고, 저축을 얼마나 할 수 있으며 또 얼마나 해야 하는지를 판단하는 일이야. 그러고 나서 현재 자신이 지닌 재산(부)이 얼마인지 점검한다면, 현명한 돈 관리 과정에서 절반은 성공한 셈이야.

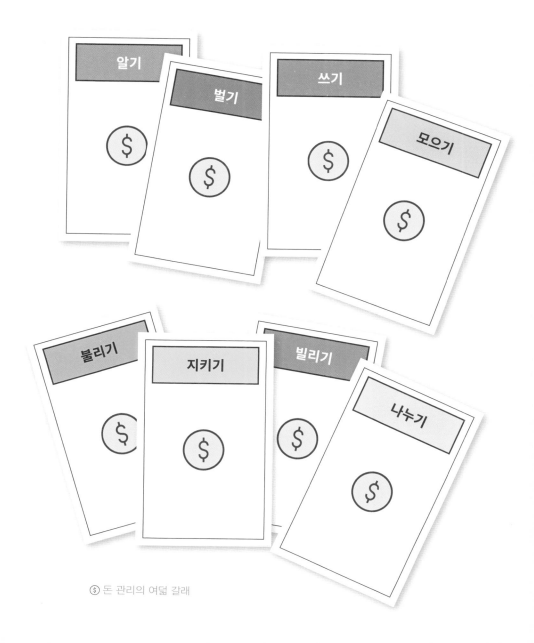

돈 관리

알기

벌기

쓰기

모으기

불리기

지키기

빌리기

나누기

⑤ 돈 관리의 여덟 갈래

두 번째 시간
돈 알기

돈, 도대체 넌 정체가 뭐니?

돈, 너야말로
편리함의 **끝판왕**이군

주위를 한번 둘러봐. 저게 없었다면 얼마나 불편했을까, 생각
되는 것들이 참 많아. 예를 들어볼까?

먼저 냉장고. 딱 좋은 온도를 유지해서 음식을 신선하게 보
관해주지. 덕분에 우리는 더운 여름날에도 음식이 상할까 봐
걱정할 필요 없이 안심하고 먹을 수 있어. 달콤한 아이스크림
도 즐길 수 있고.

생활을 편리하게 해주는 것으로 자동차를 빼놓을 수 없지.
자동차가 없는 세상은 이제 상상하기 힘들어. 먼 거리를 걸어
가려면 발이 붓고 시간도 엄청나게 오래 걸릴 거야. 무거운
짐까지 있다면 도저히 걸어갈 엄두도 내지 못할 거고.

그 뿐이 아니야. 스마트폰, 비행기, 진공청소기, 텔레비
전…… 우리 일상생활을 편리하게 해주는 것을 일일이 말하
자면 끝이 없어. 여러분은 어떤 게 떠올라?

저마다 편리하게 해준다고 생각하는 건 다르겠지만, '돈'을 떠올린 사람은 아마 없을 거야. '돈'이 생활을 편리하게 해준다고? 알듯 말듯 고개를 갸우뚱하는 친구도 있을 텐데, 왜 돈 이야기를 꺼냈는지, 돈이 무엇인지 함께 알아보자.

지금 여러분에겐 각자 가지고 있는 돈이 있을 거야. 1,000원, 5,000원, 10,000원, 어쩌면 50,000원짜리를 가지고 있을지도 몰라. 이 돈들의 모양이 어때? 모두 직사각형 모양이고, 종이로 만든 것이지. 이런 돈을 **지폐**라고 해. 종이로 만든 돈이라는 뜻이야. 지폐 말고 또 어떤 돈이 있어? 맞아, 주머니나 지갑 속에서 땡그랑 소리를 내는 **동전**(주화)도 있지. 500원, 100원, 10원짜리 동전을 알고 있을 거야.

우리가 쓸 수 있는 돈의 종류를 알아보았으니, 이제 돈이 얼마나 우리 생활을 편리하게 해주는지 생각해보자.

학교 수업을 마치고 집으로 가는 길이야. 체육 시간에 다른 반 아이들과 축구경기를 했더니 배가 많이 고파. 매콤한 떡볶이가 막 먹고 싶어졌어. 그래서 맛있기로 소문난 분식집에 가서 떡볶이를 허겁지겁 먹었어.

계산하려고 벽을 보니 '떡볶이 1접시에 설거지 3시간'이라는 안내문이 붙어 있는 거야. 떡볶이를 먹은 대가로 3시간 동안 설거지를 해야 한대. 어쩔 수 없이 오후 내내 분식집에서 힘들게 설거지를 했어.

그런데 이런 상상도 할 수 있어. 수업 후에 태권도 학원에 가야 하는 친구가 있다면 어땠을까? 설거지할 시간이 없으니

떡볶이 1접시
=
설거지 3시간

까 떡볶이도 먹을 수 없겠지? 이것이 바로 돈이 없는 세상, 즉 **물물교환**으로 필요한 것을 구해야 하는 세상의 모습이야.

한 가지 모습을 더 상상해보자. 여러분이 마트에 가서 과자를 사려고 해. 과자 진열대에서 먹고 싶은 과자를 찾았는데, 그 아래 보니 '구슬 5개'라고 적혀 있어. 과자값이 구슬 5개, 그러니까 과자를 한 봉지 사려면 예쁜 구슬 5개를 내야 한다는 뜻이야. 돈이 없는 세상에서는, 과자를 먹고 싶은 사람은 반드시 마트 사장님이 원하는 구슬 5개를 가지고 있어야 하는 거지. 구슬이 없는 사람은 아무리 소중한 다른 것을 많이 가지고 있다 하더라도 과자를 먹지 못해. 구슬이 없는 친구는 할 수 없이 과자를 내려놓고 마트를 떠났지. 주머니에 딱지가 수북하게 들어 있었지만 소용이 없어. 마트 사장님이 원하는 건 구슬이지 딱지가 아니니까.

자, 이런 모습들이 바로 돈이 없는 세상에서 우리가 겪어야 할 일들이야. 얼마나 불편할지 짐작할 수 있지? 먹고 싶은 것이나 사고 싶은 것을 쉽게 구하지 못하는 세상이라니!

이러한 불편함을 단번에 해결해주는 것이 바로 돈이야. 돈으로 거의 모든 것을 할 수 있어. 떡볶이를 먹고 돈을 내면 바로 학원에 갈 수 있고, 마트에서 과자를 살 때도 돈을 내면 계산이 끝나. 병원에서 치료를 받거나 택시를 탄 후에도 돈을 내면 그만이지.

돈이 우리 생활을 편리하게 해주고 있다는 거, 이제 알겠지?

돈의 나이는 엄청 많아. 자동차나 냉장고 같은 게 발명되기 훨씬 전에 돈이 먼저 생겼거든. 수천 년도 더 전의 일이지. 그럼 돈이 등장하기 전으로 잠시 시간여행을 떠나볼까?

돈이 없던 그때 그 시절

돈이 없던 시절이라니, 얼마나 오래전일까? 그때는 아직 글자나 종이 같은 기록 수단이 없던 시기였어. 그러니 구체적인 기록이 남아 있을 리 없지. 정확한 시기는 아무도 모르지만, 역사학자들은 지금으로부터 적어도 10,000년 전도 더 되었을 거라고 생각해.

어떤 친구는 "지금도 나는 돈이 없는데요?"라고 말할지 모르겠네. 이런 얘기가 아니야. '돈이 없던 시절'이란 말은 돈이라는 것 자체가 존재하지 않았다는 뜻이야. 내 주머니뿐 아니라 모든 사람의 주머니에 돈이 없었다, 돈이란 게 뭔지도 몰랐고 돈이란 낱말도 없었다, 뭐 이런 뜻이야.

자, 이번엔 함께 돈이 없는 세상의 모습을 상상해보자. 어느 날, 어부 한 사람이 바다에 나갔다가 생선을 많이 잡았어. 정말 운 좋은 날이었지. 끝이 날카로운 창을 던질 때마다 생선이 잡혔거든. 온 가족이 실컷 먹어도 남을 정도였어. 어부는 먹고 남은 생선을 어떻게 처리할까, 고민하기 시작했어. 냉장고도 얼음도 없던 시절이어서 생선을 오래 보관할 방법이 없었어. 하루만 지나면 생선이 다 썩어서 먹을 수 없게 되던 때였으니까.

그때 문득 어부의 머릿속에 닭이 떠올랐어. 닭을 구할 수만 있다면 달걀도 얻고 닭고기도 먹을 수 있는데, 하면서. 이제 어부가 해야 할 일은, 남아도는 닭을 갖고 있으면서 신선한 생선을 원하는 사람을 찾아 물건을 맞교환하는 거야. 하지만 아주 빨리 해야 해. 그러지 않으면 자신의 생선 가치가 떨어질 게 뻔하잖아?

위의 어부 경우처럼 물건과 물건을 직접 교환해서 필요한 물건을 구하는 방식을 **물물교환**이라고 해. 돈이 없었던 때엔 모두가 물물교환을 통해 필요한 물건을 얻었지. 물물교환은 지금도 그 흔적이 남아 있어. 여러분도 아마 열심히 모은 만화주인공 카드나 야구선수 카드 같은 걸 친구가 가진 물건과 맞바꿔본 경험이 있을 거야. 그게 바로 물물교환이지.

물물교환으로 필요한 물건을 구하는 건 말처럼 쉽지 않은 일이야. 우선 물물교환할 상대방을 찾기가 어려워. 앞의 예처럼 닭을 가지고 있으면서 생선을 원하는 사람을 어디 가서 한 번에 딱 찾겠어? 서로의 바람이 정확하게 맞아떨어지는 두 사람이 만나야 비로소 물물교환이 이뤄질 테니까 말이야. 이처럼 서로의 바람(욕구)을 채워줄(욕구의 이중 일치라 함) 사

람이 쉽게 나타나지 않으면 몇 시간, 아니 하루종일 기다리거
나 찾아다녀야 하지. 허탕을 치는 경우도 많을 거고.

운이 좋게 그런 사람을 만난다고 해도 물물교환이 바로 이
루어지는 건 아니었어. 해결해야 할 문제가 하나 더 있었지.
생선 몇 마리를 주어야 닭 한 마리를 얻을 수 있을까, 하는 거
야. 어부는 생선을 적게 주고 싶을 거고, 상대방은 닭 한 마리
주고 생선을 많이 받고 싶을 거 아니겠어? 자연스레 생선과
닭의 교환 비율을 놓고 협상해야 하는 상황이 벌어지는 거야.
협상이 잘 안 되면 새로운 사람을 찾아나서야 할 수도 있어.

지금처럼 많은 사람이 한곳에 모여 다양한 물건을 사고파
는 **시장**도 없었으니 참 난감했겠지? 다른 일을 전혀 하지 못
한 채 물건 거래할 상대방을 찾아 이곳저곳을 다녀야 했을 테
니 말이야. 뭐 좋은 방법이 없을까?

물물교환의 어려움

- 거래할 상대방을 찾기 힘들다.
- 물건과 물건의 교환 비율을 합의하기 어렵다.
- 물건을 들고 다니기 무겁고 불편하다.
- 시간이 지나면 물건이 썩거나 가치가 떨어진다.

인간종은 머리가 빼어난
슬기로운 존재야

"필요는 발명의 어머니"라는 말, 들어봤지? 이 말은 언제 들어도 진리인 거 같아. 호모 사피엔스라는 이름처럼 우리 인간종은 매우 슬기로웠어. 만물의 영장답게 고민하고 궁리한 끝에 물물교환의 번거로움을 해결할 아주 멋진 방법을 생각해냈지. 자, 생선과 닭을 바꾸고 싶어 했던 어부 이야기로 돌아가보자.

닭을 가지고 있으면서 생선을 먹고 싶어 하는 사람을 만나지 못한 어부는 초조해졌어. 시간이 흐르면 흐를수록 생선이 상할 거고, 그러면 제값을 받기 어려워질 게 뻔하잖아. 어부는 포기하는 대신 호모 사피엔스답게 작전을 개시했어. 일단 생선을 밀로 교환한 거야. 물론 어부의 집에도 밀이 좀 있었지만, 밀은 비교적 오래 보관할 수 있으니 생선보다 쓸모 있다고 판단한 거지. 며칠 후 어부는 닭을 가지고 있는 사람

중 밀을 원하는 사람을 만나 밀과 닭을 교환했어. 한 차례 교환 과정을 더 거쳤지만 마침내 어부는 닭을 구하는 데 성공한 거야.

이런 복잡한 교환 과정을 반복하던 사람들은 중요한 사실을 하나 깨닫게 돼. 원하는 물건과 물건을 직접 맞바꾸는 것보다 중간 과정을 몇 번 거치는 편이 결과적으로 더 빠르다는 걸 알게 된 거지. 그러니까 생선과 닭을 직접 물물교환하는 편보다 생선을 밀과 바꾸었다가 그 밀을 닭과 교환하는 편이 훨씬 빠르다는 것 말이야. 왜 그럴까?

밀이 인기 있는 물건이었기 때문이야. 밀은 사람들이 매일 먹는 음식을 만드는 아주 중요한 식재료였거든. 게다가 보관하기도 비교적 쉽고 양을 나누는 일도 간편했지. 그래서 누구나 기꺼이 밀을 받아갔어. 누가 그러라고 시킨 것도 아닌데 사람들이 자연스럽게 자신의 물건을 우선 밀로 교환하기 시작한 거야. 그리고 그 밀을 가지고 있다가 자신이 원하는 다른 물건과 교환했어.

밀이 바로 오늘날의 돈과 같은 역할을 한 셈이야. 무슨 말이냐고? 생각해봐. 오늘날 물고기를 잡은 어부들이 어디로

가? 맞아, 우선 시장으로 가지. 그곳에서 생선을 팔아 돈을 받은 다음 그 돈을 가지고 있다가 필요한 닭을 사잖아.

앞의 이야기에서 보았던 밀과 오늘날의 돈이 같은 역할을 하는 거, 이제 이해하지?

이렇듯 아주 오래전에는 밀이 돈의 역할을 했어. 인류 역사에 '돈의 개념'이 탄생한 거지. 물론 지금 우리가 사용하는 돈과는 모양이 크게 다르지만.

돈은 어느 천재 같은 사람이 하루아침에 발명한 게 아니야. 많은 사람이 오랫동안 생활하고 경험하면서 필요에 따라 자연스럽게 만들어진 거야.

사람들이 돈을 사용해 거래하기 시작하면서 물물교환의 불편함도 사라졌어. 더는 물물교환을 하느라 시간과 에너지를 쓰지 않아도 되었고, 그렇게 절약한 시간을 다른 무엇인가를 생산하는 데 썼지. 덕분에 인간이 생산하는 물건이 놀라울 만큼 다양해지고 양도 많아졌어. 인간의 생활도 풍족해지고. 돈이 사회의 생산량을 늘리는 데 도움을 주고 있다니 정말 놀랍지?

하지만 시간이 지나면서 밀 대신 돈의 역할을 하는 다른 것들이 생겨나. 물론 그 당시의 돈은 지금의 돈과는 모양이 전혀 달랐는데, 역사를 살펴보면 돈의 모양이 계속 변했다는 걸 알 수 있지. 지금 우리가 쓰는 돈도 언젠가는 다른 형태로 바뀔 거야. 지금까지 어떤 모양의 돈이 있었는지 간단히 알아볼까?

물건이 곧 돈인 세상도 있었대

돈의 역할을 한 것은 밀 말고도 여럿 있었어. 밀이 생산되지 않는 지역도 많았으니까. 어떤 지역에서는 소금이 돈으로 쓰였고, 또 어떤 곳에서는 보리나 옷감, 소, 화살촉, 동물 가죽, 카카오 콩 같은 물건을 돈으로 사용했어. 각 지역의 특색이나 상황에 따라 자신들만의 돈을 사용한 것이지.

밀이든 소금이든 옷감이든 형태와 가치는 제각각이어도 공통점이 하나 있어. 모두 다 사람들이 살아가면서 자주 쓰는 '물건'이고, 꼭 필요한 '물건'이라는 점이야. 그래서 이런 형태의 돈을 **물품화폐**라고 불러. 물건이 화폐 역할을 했다는 뜻이야.

화폐라는 말이 조금 어렵게 들릴 텐데, 겁먹을 필요 없어. 돈을 부르는 다른 표현이거든. 주로 돈을 연구하는 사람들이나 경제학자들이 사용하지.

역사 기록을 보면 별의별 물건이 돈으로 쓰였다는 걸 알 수 있어. 조개껍데기는 아프리카와 아시아 등 비교적 많은 곳에서 돈으로 쓰인 물건이야. 3,000년 전쯤에 중국 내륙에서도 바닷가에서 가져온 조개껍데기를 돈으로 사용하기 시작했대.

좀 전에 돈의 다른 이름이 화폐라고 했지? 화폐는 한자로 '貨幣'라고 쓰는데, 글자를 자세히 들여다보면 '조개'를 뜻하는 한자 '貝'가 들어가 있어. 조개가 돈이었다는 사실을 보여주는 거지. 화폐 말고도, 돈이나 재물과 관련된 낱말 속에는 공통되게 조개(貝)가 들어가 있거든? 재산의 재(財), 보물의 보(寶), 자금의 자(資) 등이 그런 낱말들이야.

㉿貨 幣

혹시 돌이 돈으로 쓰였다는 얘기를 들어본 사람? "설마?" 하는 친구도 있겠지만 진짜로 있었어. 태평양에 야프(Yap)라는 섬이 있는데, 이곳 원주민들은 멀리 떨어져 있는 다른 섬에 있는 석회암 돌덩어리를 원반 모양으로 다듬고 가운데에 구멍을 뚫은 다음 뗏목에 실어 옮겨왔대. 돌로 된 바퀴 모양이라고 생각하면 돼. 무려 1,000년 전의 일이야.

지금도 이 섬을 방문하면 커다란 돌이 길거리에 놓여 있는 모습을 볼 수 있어. 워낙 무거워서 훔칠 수 없지. 가장 무거운 덕분에 가장 안전한 돈이라고도 할 수 있겠지?

무거운 돌을 멀리 떨어진 섬에서 옮겨오는 일은 쉽지 않았

ⓢ 높이가 2.4미터 정도 되는 야프섬의 돌 돈

어. 그래서 야프 원주민들은 돌 돈에만 의존할 수 없었나 봐. **돌 돈** 말고도 조개껍데기, 음불(원주민 남자들이 아랫도리에 입는 샅바를 만드는 재료)도 돈으로 사용했거든.

지금의 아프리카 카메룬 지역에 살았던 옛날 사람들은 감자 으깨는 도구를 돈으로 사용했대. 주방 도구로서 여러모로 쓸모 있었고 철로 만들어져 튼튼했으니 당연히 당시 사람들에게 인기가 있었을 테지. 돈으로 사용하기에 안성맞춤이었을 거고 말이야.

생선은 어쩌다 **돈 자격**을 잃었을까?

여러분의 눈에는 옛날 사람들이 쓰던 물품화폐가 이상해 보일 거야. "하필 왜 그런 물건을 돈으로 썼을까?" 같은 궁금증이 생길 수도 있어. 하지만 그때는 그것들이 제일 좋은 선택이었을 거야. 어떤 물건이 돈의 역할을 하려면 사람들이 거래하면서 그것을 거부감 없이 받아들여야 해. 무슨 뜻이냐고? 사람들이 기꺼이 돈으로 받겠다는 생각만 있다면, 그리고 실제로 그런다면, 어떤 물건이든지 돈의 역할을 할 수 있다는 말이야. 밀이든, 돌이든, 조개껍데기이든 상관없어.

그런데 당시 사람들이 무작정 아무 물건이나 돈으로 사용했던 건 아니야. 모래나 생선을 돈으로 사용했다는 기록은 없거든. 왜 그럴까?

다 함께 사용하는 '돈'이 되려면 적어도 몇 가지 중요한 특성을 갖추어야 했기 때문이야. 어떤 것들이냐고?

(1) 귀한 물건이어야 해

바닷가에 있는 마을에서 모래를 돈으로 사용한다면 어떻겠어? 해변에만 가면 모래가 널려 있는데 뭐 특별한 가치가 있을까? 다른 물건과 교환하겠다는 사람도 없을 거고. 그러니까 모래는 가치를 인정받을 수 없었다는 뜻이지. 희소한 물건, 즉 귀한 것이어야 가치가 있는 거야.

(2) 가치가 오랫동안 변하지 않아야 해

냉장고 같은 저장 시설이 없던 때에는 생선이나 과일은 쉽게 부패했겠지? 그럼 가치가 사라지는 거고, 그런 물건으로 거래하려는 사람은 없을 거야. 생선처럼 쉽게 부패하거나 과일처럼 빠르게 신선도가 떨어지는 물건들은 물품화폐가 될 수 없다는 뜻이지.

(3) 휴대하기 편리해야 해

물건을 거래하려면 돈을 가지고 이곳저곳 돌아다녀야 하는데 돈이 너무 무겁거나 부피가 크면 어떻겠어? 앞서 본 야프 섬의 돌 돈 같은 경우가 그렇지. 이동하는 데 엄청나게 제약을 받을 거 아니야? 자동차는커녕 마차조차 없던 시절이었다는 걸 떠올리면 조금이라도 가볍고 부피가 작은 것을 돈으로 쓰고 싶었을 거야.

(4) 적은 양으로 나눌 수 있어야 해

땅이나 양처럼 비싼 물건을 거래할 때도 있지만 바나나 1개처럼 가치가 작은 물건을 거래할 때도 있을 거야. 다양한 거래에 두루 쓰려면 돈으로 쓰는 물건이 작은 가치로 쉽게 나누어질 수 있어야 편하겠지?

하지만 이런 특성을 모두 지니는 물건을 찾기는 어려웠을 거야. 당시에는 거의 불가능에 가까웠지. 그나마 2~3개의 특성을 만족하는 물건이 눈에 띄면 그걸 돈으로 사용했던 거야. 예를 들어 조개껍데기는 가치가 오랫동안 변하지 않아. 특히 바다와 멀리 떨어진 내륙에서는 귀한 물건으로 대접 받았지. 조개껍데기가 여러 지역에서 돈으로 쓰인 이유가 바로 이런 거야.

돈이 된 **금과 은**

메소포타미아 문명이라고 들어봤지? 문자를 만들고, 달의 움직임을 관찰해서 달력과 60진법 등을 만든 문명이야. 이 문명에서 살던 사람들이 주목한 것이 바로 은이야. 은은 오랫동안 품질이 변하지 않아 인기가 아주 좋았어. 돈으로 쓰기에 딱이었지. 부피도 작고 세공업자들이 원하는 대로 은에 조각하는 일도 가능했으니까.

　은은 여러 면에서 기존에 사용하던 물품화폐들보다 뛰어났어. 그래서 메소포타미아 사람들은 은의 무게를 재서 돈으로 쓰기 시작했지. 성경책을 읽다 보면 세겔(셰켈), 미나, 달란트 같은 돈이 등장하는데, 이 돈이 바로 메소포타미아에서 유래한 거야.

은의 무게에 따른 메소포타미아 돈

1세겔 = 은 8.4그램

1미나 = 60세겔 = 은 504그램

1달란트 = 60미나 = 은 30킬로그램

당시엔 보통 사람이 17일 동안 농사일을 해야 1세겔의 돈을 벌 수 있었대. 1달란트는 엄청나게 큰돈이지? 농사일을 무려 167년이나 해야 비로소 벌 수 있는 돈이니까. 참고로 이스라엘이 현재 사용하고 있는 돈의 이름도 세겔(셰켈)이야. 흥미로운 이야기 하나 해줄게. 작은 나라 이스라엘에는 돈을 만드는 조폐국이 없어서 우리나라의 한국조폐공사가 이스라엘 동전을 만들어 수출하고 있어.

메소포타미아 문명에서 발견된 점토판을 보면, 죄를 저지른 사람에게 부과하는 벌금 내용이 기록되어 있어. 예를 들어 다른 사람의 이빨을 부러뜨리면 2세겔의 벌금을 내야 한다, 뭐 이런 내용들이지. 마침내 물건이 아니라 돈으로 벌금을 내는 세상이 된 거야.

그 후 은뿐이 아니라 구리, 청동, 그리고 더 나아가 금 같은 금속들이 속속 돈으로 사용되기 시작했어. 중국에서는 지금으로부터 3,000년 전에 구리와 청동을 가지고 칼이나 삽 모양을 만들어 돈으로 사용했지.

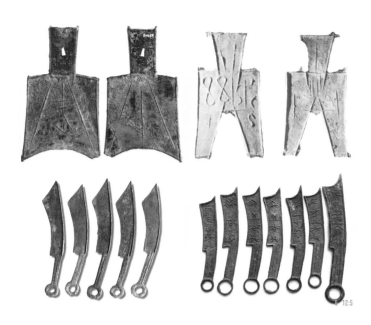

ⓢ 중국 춘추전국시대에 사용한 삽 모양 돈, 칼 모양 돈

동전이 등장하다

거래할 때마다 은이나 금의 무게를 재고 필요한 만큼 쪼개
는 건 정말 귀찮은 일이었겠지? 아주 작은 물건을 거래하려
면 금괴나 은괴도 더 작게 쪼개야 했을 테니, 당시 기술로는
쉽지 않았을 거야. 조금 더 이득을 보려고 무게나 품질을 속
이는 사람도 있었을 거고. 그러다 보면 다툼이 자주 발생했
겠지.

그래서 사람들은 또다시 더 편리한 방법을 찾기 시작했어.
금속돈이 필요할 때마다 만드는 게 아니라 일정한 모양으로
미리 만들어놓자는 거였지. 3,000년 전쯤에 중국이 칼 모양의
돈을 만들었던 것처럼 말이야.

그런데 한 가지 재미있는 사실이 있어. 물론 중국처럼 칼
모양으로 돈을 만든 곳도 있지만, 대부분은 동그란 모양으로
만들었다는 거야. 오늘날의 **동전(주화)**처럼 말이야(원래 동전

은 동, 즉 구리로 만든 돈을 뜻했는데, 지금은 동그랗게 생긴 돈을 모두 동전이라고 불러).

세계 최초의 동전을 만든 곳은 기원전 600년경의 리디아 (오늘날 튀르키예 지역)야. 돈의 이름은 스타테르. 자연 상태에서 금과 은이 섞인 호박금이라는 합금으로 만든 돈인데, 나중에 금과 은을 분리하는 기술을 익히면서 리디아는 금화와 은화를 분리해서 발행했어. 동전이라고 부르지만, 스타테르는 완전한 동그라미는 아니야. 타원형인 것도 있거든.

이 동전엔 주의 깊게 볼 만한 게 하나 있어. 표면에 으르렁거리는 사자 얼굴을 새겨 놓은 건데, 이것이 바로 동전이 진짜라는 것을 상징하는 표식이거든. 왕이 동전의 품질과 가치를 보장하니 거래할 때 안심하고 사용하라는 뜻으로 말이지. 사람들은 왕을 믿고 또는 왕의 명령에 따라 스타테르 동전을 의심하지 않고 사용하기 시작했어. **금속화폐**가 탄생한 거야.

동전을 만들려면 금속을 녹이고 일정한 모양의 틀에 부어 식힌 후 나라의 고유한 상징물을 찍어야 해. 이런 가공 방법을 '주조'라고 불러. 동전을 **주화**라고도 부르는데, 그게 바로 쇠붙이를 녹여(주조) 만든 화폐라는 뜻이지. 금으로 만든 주화를 금화, 은으로 만든 주화를 은화, 동으로 만든 주화를 동화라고 해.

동전의 인기는 하늘을 찌를 것처럼 굉장했지. 사용하기도 편하고 왕이 보증해주는 거라 믿을 수 있고…… 이보다 확실한 게 어디 있겠어? 리디아를 따라서 다른 나라들도 앞다투

⑤ ① 세계 최초의 동전 스타테르
②/③ 기원전 5세기의 아테나이 동전

어 동전을 주조하기 시작했지.

끝이 뾰족한 쇠못을 돈으로 사용하던 도시국가 아테네 사람들은 동전이 등장하자 환호성을 질렀어. 이제 더는 쇠못돈에 손 찔리는 일은 없을 테니까. 아테네가 발행한 동전은 당시 주변국에서도 두루 사용했을 만큼 인기가 높았어.

중국 이야기도 들어볼래? 중국에선 칼이나 삽 모양의 돈을 사용했다고 했지? 그러다가 진시황 때 둥근 모양의 동전을 만들기 시작했지. 중국 동전에는 중요한 특징이 하나 더 있어. 동전 한가운데 네모난 구멍이 뚫려 있다는 점이지. 왜 그랬을까? 답은

⑤ 고대 중국의 동전 반량전

생각보다 단순해. 줄에 꿰서 가지고 다닐 수 있게 하려고 그랬던 거야. 그렇게 하면 잃어버릴 염려가 없잖아. 재미난 이야기도 있어. 고대 중국 사람들은 지구가 네모나고 하늘이 둥

글다고 생각했대. 그래서 네모 구멍이 뚫린 둥근 동전(엽전)이 하늘과 땅의 조화를 상징한다고 보았다나?

로마는 기원전 211년에 데나리온(데나리우스)이란 은화를 만들었어. 은 4.5그램을 가지고 만든 동전이었지. 성경에 따르면 1데나리온은 당시 노동자의 하루 일당이었대. 로마는 유럽 대륙의 대부분을 지배하는 강력한 제국으로 성장했는데, 영토가 확장되고 인구가 많아지다 보니 자연스레 돈도 많이 필요했을 테지?

문제는 돈을 만들려면 은이 필요했다는 점이야. 새 돈을 많이 만들어야 하는데, 은의 양은 제한되어 있고. 아무리 군대가 막강하고 황제의 위엄이 대단하다고 해도 아무 데나 파면 은이 나오는 게 아니었으니 고민이 많았겠지.

궁리 끝에 로마 황제들은 은화를 만들 때 사용하는 은의 양을 몰래 줄이기 시작했어. 은 대신 값싼 다른 금속을 섞어 은화를 그럴듯하게 만든 거야. 은화에 들어가는 은의 양이 점차 줄다가 나중에는 은이 5퍼센트밖에 포함되지 않게 되었어. 사실상 은화가 아닌 셈이지.

이런 식으로 은화의 가치가 추락하고 사람들의 불만이 커지자 로마는 데나리온 은화를 없애고 금화를 발행하기 시작했어. 하지만 이미 기울기 시작한 로마의 경제는 회복하지 못하고 멸망의 길로 접어들게 되지.

로마제국 사람들이 쓰던 여러 가지 동전

아우레우스(200BCE-305CE)
7g, ~20mm

솔리두스(310-693CE)
4.5g, ~20mm

아에3(315-400CE)
2-4g, ~18mm

아에4(383-400CE)
0.5-1.5g, ~14mm

데나리우스(211BCE-241CE)
3g, ~19mm

테르미시스(380-367CE)
1.5g, ~14mm

세스테르티우스(23BCE-250CE)
20-30g, ~35mm

안토니니아누스(215-295CE)
3-5g, 21mm

실리콰(310-650ce)
1-3g, ~18mm

아스(280BCE-250CE)
9-12g, ~27mm

폴리스(294-310CE)
5-12g, ~26mm

두폰디우스(23BCE-250CE)
11-15g, ~29mm

Ⓢ 고대 로마의 동전과 크기

난 **가벼운 종이돈**이 좋아

편리함을 추구하는 사람들의 욕심은 끝이 없나 봐. 뭐 덕분에 인간 세상이 끊임없이 발전하고 있는지도 모르지. 금화나 은화는 이전 화폐보다 쓰기 편했지만 값비싼 물건을 거래하는데엔 걸림돌이 되었어. 물건값만큼 주화를 많이 운반해야 했는데 그러려면 부피나 무게가 문제였거든. 사람들은 다시 한번 새로운 돈을 찾아 나섰어. 좀 더 가볍고 좀 더 사용하기 편리한 돈을.

이에 대한 답을 최초로 제시한 곳은 중국이야. 중국은 인류 4대 발명품 가운데 하나로 꼽히는 종이를 최초로 발명했잖아. 중국인들이 무거운 돈에 대한 해결책으로 종이를 먼저 떠올린 건 어쩌면 당연한 일일 거야. 그들 역시 무거운 주화(엽전)를 들고 다니는 게 힘들었을 테니까. 엽전을 주렁주렁 달고 다니다가 강도에게 빼앗기기 일쑤였고, 집에 잘 보관한다고 해도 도둑맞을까 봐 늘 걱정해야 했지. 그래서 당시 중국의 상인이나 부자들은 정부에 주화를 보관했대. 정부는 누구의 주화 얼마를 보관하고 있다는 내용을 종이에 써주었고. 음, 지금으로 치면 영수증 또는 보관증 같은 것이지.

그런데 재미있는 현상이 나타났어. 너도나도 보관증을 갖게 되자 이게 아예 돈처럼 쓰이기 시작한 거야. 물건을 사고 팔면서 무거운 주화를 주고받는 대신에 보관증을 주고받기 시작한 거지. 주화는 그냥 안전하게 정부에 맡겨 놓고서. 이 보관증이 발전해서 종이돈으로 된 거야.

종이로 만들었으니 당연히 매우 가벼웠겠지? 조금 과장해서 말하면, '바람에 날아갈' 정도였대. 그래서 중국에서는 이 보관증을 '비전(飛錢)'이라고 불렀다나? '비'는 하늘을 난다는 뜻이고, '전'은 돈이라는 뜻이야. 그러니까 비전은 '날아다니는 돈'이란 거지. 그만큼 가볍다는 뜻이겠지? 종이돈이 나오기 전에 중국인들이 사용했던 돈을 엽전이라고 했잖아? 보통 엽전 1,000개씩을 끈으로 연결해 어깨에 메고 다녔는데, 그 무게가 자그마치 5킬로그램이나 되었대. 통통한 푸들 한 마리를 어깨에 메고 다닌 셈이지. 그러니 가벼운 종이돈을 '날아다니는 돈'이라고 부를 만했겠지?

보관증이 돈처럼 쓰이기 시작하자 중국 정부는 아예 공식적인 종이돈, 즉 **지폐**를 본격적으로 만들기 시작했어. 이렇게 해서 세계 최초의 공식 지폐가 탄생했지.

그런데 지구 반대편 유럽에서는 여전히 주화를 사용하고 있었어. 이탈리아 탐험가 마르코 폴로는 아시아를 여행하던 중 중국이 지폐를 사용하는 걸 보고 깜짝 놀라. 그는 유럽으로 돌아가서 이 아이디어를 소개했어. 그러나 지폐를 돈으로 쓰는 게 좋은 생각인지 확신하지 못한 유럽 사람들은 300년이나 지나서야 비로소 지폐를 만들기 시작했어.

미래의 돈은 어떤 모습일까?

지금까지 돈의 모양이 어떻게 달라져왔는지 알아봤어. 종이
돈과 동전을 쓰기까지 참으로 엄청난 변화가 있었지? 이런
흐름이라면 종이돈과 동전도 언젠가는 사라질 게 분명해. 더
편리하게 쓸 수 있는 돈을 기어코 찾아낼 테니까.

이미 동전은 쓰임새가 많이 줄어들었어. 무겁고 소리 나는
동전으로 물건을 사는 사람은 많지 않아. 어떤 사람은 동전을
귀찮아하기도 해. 지갑을 열다가 동전이 떨어졌는데 그냥 가
는 사람도 있더라고.

종이돈(지폐)에도 불편한 점은 있어. 많이 가지고 다니려
면 지갑이 두꺼워지고 주머니가 불쑥 튀어나오니 말이야. 실
수로 지갑을 잃어버리면 돈도 함께 잃어버려 찾을 수 없게 되
고. 종이돈에 누구의 것이라고 이름이 쓰여 있지는 않잖아?

요즘처럼 디지털화한 세상에서는 종이돈이나 동전 같은 **현
금**이 오히려 쓰기에 불편하다고 말하는 사람이 많아. 만드는

데도 상당한 비용이 들어가고 말이야. 현금을 많이 쓰면 탈세하기도 쉽고 또 뇌물이 오가는 걸 부추길 수도 있다는 지적도 나왔지. 그래서인지 우리나라를 포함해 세계 여러 나라는 지금 '현금 없는 사회'를 내세우며 변화하는 중이야.

더 편리한 돈, 그래서 미래에 사람들이 사용할 돈이 어떤 모습일지는 아무도 몰라. 단지 추측해볼 뿐이지. 현재 상태를 바탕으로 짐작해보면 미래에 사용할 돈은, 전자적으로 만들어지고 교환되는 모습의 화폐가 될 거 같아. 바로 컴퓨터 네트워크를 통해 유통되는 디지털 돈이지.

여러분도 비트코인이란 말 들어봤지? 그게 바로 세계에서 최초로 만들어진 암호화폐, 즉 디지털 돈이야. 가상 세계에서만 존재하고, 암호화 기술에 의해서 만들어지고 유통되고 있어서 **암호화폐**라고 이야기해. '화폐'라는 낱말이 들어 있는 걸 보고 돈이라고 오해하는 사람들이 많은데 이건 공식적인 돈이 아니라는 걸 명심해야 해.

사람들은 미래의 돈도 이런 모습이 될 거라고 짐작하고 있어. 그때가 오면 인기 많은 캐릭터가 그려진 지갑을 가지고 다닐 필요도 없을 거야. **전자 지갑**이 몸속 어딘가에 저장될 테니까. 스캔을 통해 본인이라는 게 확인되면 전자 지갑에서 자동으로 돈이 쓱 빠져나가고 말이야. 정말 SF영화에서나 볼 법한 일이지?

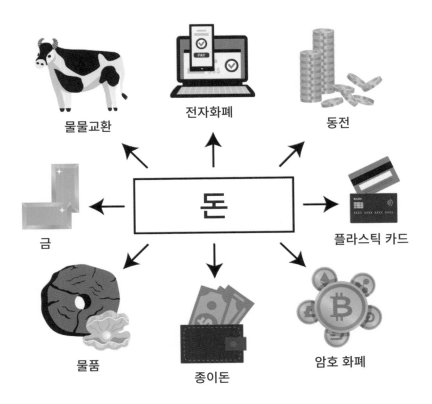

물물교환　　전자화폐　　동전

금　　　돈　　　플라스틱 카드

물품　　종이돈　　암호 화폐

Ⓢ 여러 가지 모양의 돈

돈은 **어떤 일**을 하지?

소금, 보리, 소, 화살촉, 카카오 콩, 돌, 금, 은, 주석, 지폐, 동전.

이것들의 공통점이 무엇인지 이제 이해할 수 있지? 모두 돈이라는 공통점이 있어. 그런데 이것들의 공통점이 하나 더 있어. 물건이든 동전이든 지폐든 모양과 재질은 다 다르지만 모든 돈은 하는 일이 같잖아. 돈은 우리가 살아가는 데 어떤 역할을 할까?

(1) 돈은 교환을 위한 수단이야

물물교환의 불편함을 해결하려고 물건을 사고파는 데 사용하고 있는 도구야. 거래를 더 빠르고 더 편리하게 하려고 사람들이 **교환을 위한 수단**으로 도입한 것이 돈이라는 뜻이지. 식당에서 음식을 먹고 나올 때, 옷을 사고 나서, 학원에서 피아노를 배우고 수업료를 낼 때, 버스나 지하철을 탈 때도 돈을 내야 해.

(2) 돈은 가치를 저장하는 수단이야

여러분 부모님을 생각해봐. 월급을 받은 날 그걸 한꺼번에 다 써버리시진 않지? 만약에 그렇다면 다음 날부터는 무슨 돈으로 먹고살겠어? 다음 주 식비에 쓰려고, 다음 달에 컴퓨터를 사려고, 또는 내년에 해외여행을 가려고 돈을 모아두고 저축해. 그리고 그때가 오면 모아두었던 돈으로 하고 싶었던 일을 할 수 있지. 이처럼 돈은 **가치를 오랫동안 저장하고 유지할 수 있는 수단**이 되는 거야.

(3) 돈은 가치를 재는 단위야

사과 1개의 가치는 2,000원, 신발 1켤레의 값은 7만 원, 태블릿은 100만 원처럼 표시할 수 있어. 만약에 우리나라에 돈이 없다면 사과 1개의 가치를 어떻게 표현할 수 있겠어? 절대 불가능할 거야. 슈퍼마켓에 진열된 수많은 물건의 가격표가 간단하게 붙어 있는 것도 돈이 있으니 가능한 거야. 친구들이 용돈기입장을 적거나 부모님이 가계부를 적을 수 있는 것도 돈이 있으니 할 수 있는 일이야. 돈이 물건들의 **가치를 나타내는 단위** 역할을 하는 거라는 뜻, 이해할 수 있지?

자, 이렇게 정리해보니 돈이 중요한 일을 많이 한다는 걸 알 수 있지? 사람들이 만약 돈을 사용하지 않았다면 오늘날 세상은 어떻게 돌아가고 있을까? 분명 지금보다 훨씬 불편하고 느린 상태일 거야. 돈을 인류의 위대한 발명품 가운데 하나라고 말하는 사람들이 있는 것도 이해할 만해. 여러분 생각은 어때?

돈 교환하기

피자를 돈으로 쓰는 피자 나라가 있다고 상상해봐. 이웃인 치킨 나라는 치킨을 돈으로 쓰고 있어. 하루는 피자 나라 사람이 치킨 나라를 방문했어. 별이 다섯 개 붙은 멋진 호텔에 묵고 싶은데 요금이 어마어마해. 피자가 엄청 많이 있어야 해. 하지만 치킨 나라니까 요금을 피자로 받지 않을 게 뻔해. 어떡하면 좋냐고? 피자를 치킨으로 **환전**해야지. 환전이란 쉽게 말해 화폐를 교환하는 거야. 그런데 환전을 하려면 먼저 환율이라는 개념을 알고 있어야 해. 환율은 돈과 돈을 교환할 때 기준으로 삼는 비율이라는 뜻이야.

만약에 피자 1판을 치킨 1마리로 환전할 수 있다면 **환율**이 '1 대 1'이 되겠지. 그런데 환율은 고정되어 있지 않고 계속 바뀐다는 게 문제야.

예를 들어 치킨 나라에 전염병이 돌아 많은 닭이 죽었다고 상상해봐. 치킨 나라에 닭이 귀해지고 치킨의 가치가 비싸지

겠지? 그러면 환율은 치킨 1마리에 피자 2판으로 바뀔 거야. 치킨 1마리를 얻으려면 전에는 피자 1판이면 충분했는데 이제는 피자 2판을 내놓아야 한다는 뜻이야.

전 세계 나라는 대부분 서로 다른 돈을 사용하고 있어. 우리나라가 사용하는 돈은 '원'이고, 미국은 달러야. 우리나라 사람이 미국으로 여행하거나 공부하러 가려면 원을 달러로 환전해야 해. 그런데 아까 환율은 계속 바뀐다고 했잖아? 오늘 환전하면 1달러에 1,100원을 줘야 했는데, 며칠 후에는 1,150원을 줘야 1달러를 받을 수 있는 상황이 되는 거야. 골치 아프지? 언제 환전해야 유리할지 고민되잖아.

개인이 여행하면서 필요한 달러는 몇천 달러에 지나지 않으므로 설령 환율에서 손해를 보더라도 참을 만해. 하지만 회사의 사정은 다르겠지. 회사는 환전해야 하는 돈의 양이 엄청나게 많으므로 환율로 인한 손실이 크면 심각한 타격을 입을 수 있어. 환율이 오를지 내릴지를 매일 같이 고민하고 살펴보아야 한다는 말이야.

환전은 어디서 하냐고? 물론 은행에 가야 해. 그런데 은행은 공짜로 환전해주지 않아. 우리나라 돈과 외국돈을 환전해주면서 그 대가로 수수료를 받아. 환전을 자주 하는 사람으로서는 환전하는 데 들어가는 수수료도 부담스럽지.

이런 골칫거리를 시원하게 해결한 나라들이 있어. 유럽의 독일, 프랑스, 이탈리아, 스페인 등 19개 나라는 자국 돈을 포기하고 '유로'라는 돈을 공통으로 사용하기로 했거든. 2002년의 일이지. 원래 독일은 마르크, 프랑스는 프랑, 이탈리아는 리라, 스페인은 페세타를 사용했는데, 이제는 모두 유로 하나만을 사용하고 있다니까?

유로를 돈으로 사용하는 나라들을 **유로존**이라고 부르는데, 유로존 사람들은 이웃 나라를 여행할 때 환전할 필요가 없어. 참 편리하겠지? 물론 우리나라 사람이 유로존을 여행할 때도 환전 수수료를 절약할 수 있어 편리해졌지. 참고로 영국인은 유로존에 참가하지 않기로 해서 여전히 자신의 돈 파운드를 고집하고 있어.

전 세계 모든 나라가 자신의 고유한 돈을 포기하고 공통된 하나의 돈을 사용한다고 한번 상상해봐. 말 그대로 지구촌, 하나로 된 세계가 탄생하는 순간이 될 거야.

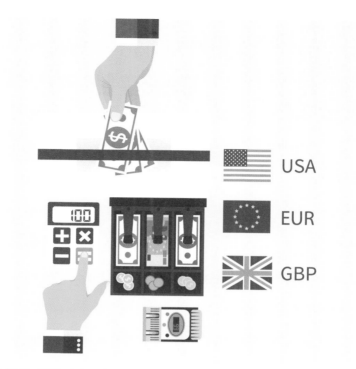

⑤ "유럽 여행을 가려고 해요. 이 돈을 유로로 바꿔주세요."

알아두면 쓸모 있는 돈 이야기
별의별 돈

역사적으로 다양한 것들이 돈으로 사용되어왔다는 것을 봤어요. 지금부터 이야기하려는 돈도 상상을 초월할 것입니다. 모두 다 실제 돈으로 쓰인 것들이니까 놀라지 마세요.

스웨덴은 1604년에 구리로 만든 주화를 발행했어요. 그런데 주성분인 구리의 가치가 점점 떨어졌지요. 스웨덴은 주화의 가치를 동일하게 유지하려고 주화에 들어가는 구리의 양을 점점 늘려나갔어요. 주화의 크기가 점점 커졌겠지요. 나중에는 주화의 길이가 70센티미터나 되었어요. 마치 스케이트보드처럼 생긴 기다란 주화가 되었답니다. 지갑이나 주머니에 넣고 다닐 수 없는 돈이지요. 대신 길거리나 하수구에 떨어뜨려 잃어버릴 염려는 없겠지요?

이것보다 훨씬 크고 무거운 돈도 있어요. 앞에서 이야기했던 돌로 만든 돈이에요. 손바닥만 한 크기의 돈도 있지만, 큰 것은 지름이 최대 3.6미터나 돼요. 무게는 무려 4톤이고요. 이처럼 크고 무거운 돈은 옮기기가 쉽지 않지요. 그래서 지금도 야프

섬을 방문하면 길가에 돌 돈들이 놓여 있는 걸 볼 수 있답니다. 그래도 상관없어요. 어차피 이처럼 무거운 돈을 훔쳐 갈 수 있는 사람은 없으니까요.

반면에 이 세상에서 가장 가벼운 주화는 인도가 발행했어요. 비자야나가라 제국이 발행한 은화인데, 지름이 0.5센티미터 정도밖에 되지 않아요. 무게는 0.1그램 정도이고요.

다른 나라처럼, 영국도 국가적으로 기념하거나 축하할 일이 있을 때 특별 기념주화를 발행하고 있어요. 런던에 있는 왕립식물원(큐 가든)의 개장 250주년을 기념해 2009년에 50펜스짜리 주화를 발행했는데 그 모양이 7각형이에요. 동전 대부분은 원형 모양을 하고 있는데 다소 특이한 모양이지요.

더 특이한 모양의 주화도 있어요. 방글라데시가 발행한 10포이샤짜리 주화는 꽃 모양이에요. 예쁘겠지요? 폴란드가 2005년에 발행한 10즈워티짜리 은화는 부채 모양을 하고 있어요.

이보다 더욱더 특이한 모양의 주화도 있지요. 소말리아가 2004년에 발행한 건데 기타 모양이에요. 록 앤드 롤 음악 50주년을 기념하려고 다양한 기타 모양으로 만든 거예요. 이게 다가 아니랍니다. 소말리아에는 오토바이 모양의 주화도 있어요.

쿡 제도는 창의적인 아이디어를 냈어요. 10달러짜리 주화에 이스터섬의 유명한 모아이 석상을 넣었거든요. 여기까지는 특이한 점이 없어요. 그런데 이 모아이 석상은 누르면 튀어 올라요. 팝업 주화이지요.

  팔라우섬은 향기를 풍기는 주화를 생산했어요. 손으로 문지르면 코코넛 향기가 나거나 바다의 산들바람 냄새를 풍긴답니다.

□ 2020 개정 금융교육 표준안(금융감독원) 관련 내용

- 상품 거래에 돈이 필요함을 알고, 돈과 관련된 의사결정 사례를 제시할 수 있다.

- 돈의 필요성을 이해하되, 초등학생이 경험할 수 있는 실제 사례를 중심으로 학습한다. 먼저 돈의 개념을 이해하고, 다음으로 상품 거래에 돈이 필요한 이유를 생각해보며, 최종적으로 돈과 관련한 의사결정 사례를 제시해보도록 한다.

□ 주요 내용1: 물물교환

- 오래전 돈이 없던 시절에 살던 사람들은 물물교환을 통해 자신에게 필요한 재화와 서비스를 구했는데, 욕구의 이중일치 문제 때문에 물물교환에는 많은 논쟁과 시간과 노력이 필요해서 불편하거나 거래가 이루어지기 힘들었음

- 사람들은 물물교환의 불편함을 해소하고 거래를 효과적으

로 수행하기 위해서 자연스럽게 돈을 사용해서 거래하기 시작
했음

　- 처음부터 지금과 같은 종이돈을 사용했던 것은 아니었으며
지역, 사회, 시기에 따라 여러 형태의 돈이 사용되었음

　□ 주요 내용2: 돈의 발달
　- 사람들은 사용하고 있던 돈에서 불편함을 느끼고 더 나은
성질의 돈을 찾아내게 되면 옛날의 돈을 포기하고 새로운 돈을
사용하기 시작했는데, 이는 거래에서의 편리성과 효율성을 높
이려는 노력의 일환이라 할 수 있음
　- 지금까지 사람들이 사용해온 돈을 역사적으로 정리하면 다
음과 같음

　물품 화폐
　초창기에는 소금, 곡식, 가죽 등 그 자체로 가치가 있으며 희
소하며 누구나 원하는 물건을 돈으로 사용했음. 이것들은 돈으
로 쓰지 않더라도 각자 생활에 유용하게 쓸 수 있는 물건들이
라는 특징을 지님. 그렇다고 아무 물건이나 돈으로 쓰지 않았
으며 돈이 되기 위해서는 희소하며 분할 가능하며 가치가 오래
보존되며 운반이 편리하다는 성질을 지닐 필요가 있음

　금속 화폐
　물품 화폐는 거래를 위한 소지와 가치 저장이 불편해서 시간

이 흐르면서 점차 금, 은 같은 귀금속이 돈으로 쓰이기 시작함

주조 화폐

금속 화폐의 경우 거래할 때마다 무게를 정확하게 측정하고 순도를 검사해야 하는 불편함이 있으므로 일정하게 표준화된 형태로 주조한 돈을 사용하기 시작함

지폐

주조에 필요한 귀금속이 귀해지고 순도를 속일 수 있는 가능성을 차단하기 위해서 더 가볍고 제작이 쉬운 종이로 돈을 만들어 사용하기 시작함

□ 주요 내용3: 돈의 역할

- 사람들은 자신에게 필요한 재화와 서비스를 사기 위해서 돈을 지급하며, 이 돈은 다른 사람에게 흘러가 그 사람이 다시 재화와 서비스를 사는 데 사용함

- 이처럼 돈은 사람들이 재화와 서비스의 거래 과정에서 널리 사용되는 지불수단이며, 일상생활에서의 거래를 원활하게 해주는 역할을 하고 있음

- 우리나라 돈의 단위는 '원'이며, 나라마다 서로 다른 단위(이름)의 돈을 사용하고 있음

- 우리나라에서 사용하고 있는 돈의 종류에는 동전과 지폐가 있음

- 동전으로는 1원, 10원, 50원, 100원, 500원이 있음. 지폐로는 1,000원, 5,000원, 10,000원, 50,000원이 있음

□ 생각해보기: 미래에도 지폐를 돈으로 계속 사용할까요?
- 역사적으로 보면 돈의 형태는 계속 변해왔으며 더 효율적이고 편리한 형태의 돈이 그 이전의 돈을 대체해왔음
- 편리함을 추구하는 사람들은 사용 중인 돈보다 더 효율적이고 편리한 형태의 돈을 사용하려 할 것임
- 지폐도 소지하고 다니는 데 불편함이 있으며 분실 위험이 있으므로 전자화폐처럼 더 편리하게 사용할 수 있는 새로운 돈이 미래에 도입될 것임
- 아직은 전자화폐의 안전성이 확실하게 담보되어 있지 않아 전면적으로 사용되지는 않고 있음
- 기프티콘, 게임 머니처럼 간단한 형태의 전자화폐가 이미 여러 분야의 거래에서 사용되고 있음

□ 2020 개정 금융교육 표준안 (금융감독원) 관련 내용

- 돈을 사용할 때 우선순위를 고려하여 의사결정을 할 수 있다.

- 돈과 자원이 한정되어 있기 때문에 선택의 문제가 발생하며, 따라서 돈의 사용에는 우선순위를 고려한 현명한 의사결정이 필요함을 알고 이를 행동에 옮길 수 있도록 학습한다. 돈 사용의 우선순위를 고려할 때 필요성, 만족감, 편리함 등을 다양하게 고려할 수 있도록 한다.

□ 주요 내용1: 돈의 사용

- 경제생활을 하기 위해서는 돈이 필요하며 돈으로 할 수 있는 일이 많이 있음

- 돈 벌기(소득)

생산 활동에 참가해서, 즉 일을 하고 그 대가로 돈을 버는데

이를 소득이라 함

  - 돈 쓰기(소비)

  필요한 재화를 사거나 서비스를 이용하기 위해서 돈을 사용하는데 이를 소비라 함

  - 돈 불리기(저축, 투자)

  미래에 더 많은 돈을 쓰기 위해서 갖고 있는 돈을 모으고 불리는데 이를 저축이나 투자라고 함

  - 돈 빌리기(대출)

  생활에 필요한 것, 집 등을 사거나 기업이 공장을 새로 짓기 위해서 필요한 돈이 부족할 경우 다른 곳에서 돈을 빌리는데 이를 대출이라고 함. 대출을 받은 결과 갚아야 할 돈을 빚이라고 하며, 대출을 갚기 전에 빚을 상환할 수 있는 능력이 충분하게 있는지를 신중하게 고려해야 함

  - 돈 나누기(기부)

  어려운 이웃을 위해서 자신의 돈을 나누어주는데 이를 기부라고 함

  □ 주요 내용2: 다른 나라의 돈

  - 나라마다 사용하고 있는 돈의 단위와 모양이 다름

  - 미국은 달러

  미국 돈의 단위는 달러이며, 세계에서 가장 많이 쓰임

  - 중국은 위안

  중국 돈의 단위는 위안임

- 일본은 엔

일본 돈의 단위는 엔임

- 유럽은 유로

유럽의 독일, 프랑스, 이탈리아 등 수십 개의 국가가 공통된 돈을 사용하기로 합의한 결과 유로가 쓰이고 있음

- 영국은 파운드

영국은 유럽 국가이지만 독자적으로 파운드라는 돈을 사용하고 있음

□ 주요 내용3: 환전과 환율

- 다른 나라를 여행하거나 여행 중 물건을 사거나 식당에서 음식을 먹을 때에는 우리나라 돈을 사용할 수 없으므로 그 나라의 돈을 필요로 함

- 다른 나라의 돈을 서로 교환하는 것을 환전이라 함

- 두 나라의 돈을 환전할 때 교환 비율이 환율임

예를 들어 환율이 1달러에 1,000원이라면 우리나라 돈 1,000원을 미국 1달러로 바꿀 수 있다는 뜻임

- 환전을 하려면 은행을 방문해야 함

은행은 환전 업무를 해주고 그에 대한 수수료를 받고 있음

- 어른들은 재화나 서비스를 구입하면서 그 대가로 지갑 속의 돈을 주는 대신에 신용카드로 결제하기도 함. 돈을 내지 않아도 재화나 서비스를 살 수 있어 매우 편리하지만 마치 공짜인 것처럼 여겨져 자신의 능력 이상으로 소비할 우려가 있음

- 신용카드는 일정 기간 후에 결제 대금을 돈으로 지급하겠다고 약속하는 지급 수단이므로 결코 공짜로 소비하는 것이 아니며 얼마 후에 반드시 갚아야 하는 빚임

- 만약 약속한 날짜에 돈을 갚지 못하면 많은 이자가 가산되어 빚의 크기가 커지므로 신용카드로 재화나 서비스를 구입할 때에는 갚을 능력이 있는지를 신중하게 고려해야 함

세 번째 시간
돈 벌기

돈, 무엇을 해서 얻지?

일과 **생산 활동**

알라딘의 요술 램프가 손에 들어온다면 여러분은 뭘 빌고 싶어? 신상 게임과 게임기 내 손에 넣기? 아님, 전기 자전거가 하늘에서 뚝? 너무 많아서 갑자기 떠오르지 않는다고? 어쩌면 갖고 싶은 걸 다 살 수 있는 돈이 생기면 좋겠다고 비는 사람도 있겠네. 아마 자기 주머니에 돈이 두둑하게 생기는 걸 마다할 사람은 없을 거야. 사고 싶은 것, 먹고 싶은 것을 원 없이 살 수 있으니까. 그러나 이런 일은 만화나 꿈속에서 벌어질 수 있는 일이겠지. 자, 이제 꿈을 깨고 현실로 돌아가 볼까?

　돈을 갖고 싶으면 일을 해서 벌어야 해. 단순하지? 여기서 예외인 사람은 한 명도 없어. 시간과 노력과 힘을 쓰지 않고는 돈을 벌 수 없거든. **이 세상에 공짜는 없다**는 말이 바로 이런 뜻이야. 부모님을 비롯한 어른들이 이른 새벽부터, 눈이 오나 비가 오나 부지런히 어디론가 출근하는 것도 다 일해서 돈을 벌기 위해서지. 물론 일정한 곳에 출근하지 않고 집에서 글을 쓰거나 그림을 그리며 일하는 사람도 있어. 팬데믹 이후로 이런 어른들이 늘어났지. 하는 일의 종류나 형태나 방법은 제각각이지만, 한결같이 돈을 벌기 위해 일하고 있다는 공통점이 있지?

이번엔 좀 다른 모습을 떠올려보자. 마당에 있는 흙을 힘들게 파서 옆에 쌓아놓고, 다시 그 흙을 원래 자리에 메우는 일을 하루종일, 아니 한 달 내내 반복했어. 이마에 땀이 줄줄 흐를 정도로 새벽부터 밤까지 힘들게 일했지. 열심히 일했으니 돈을 벌 수 있을까? 아니, 그렇지는 않아.

무의미한 일을 해서는 돈을 벌 수 없다는 뜻이야. 돈을 벌려면 다른 사람에게 도움이 되는, 사회가 필요로 하고 가치 있는 일을 해야 해. 종이학 접는 취미를 가진 친구가 밤새 학을 수백 마리 접었다고 해서 돈을 벌 수 있을까? 힘들겠지. 사회적으로 가치 있는 일이 아니라, 그냥 자신이 좋아하는 취미 활동을 한 거니까.

이런 이야기를 정리하면, '돈을 벌려면 **생산** 활동을 해야 한다'는 뜻이 돼. 농장에서 사과를 재배하는 일, 공장에서 김치를 담그는 일, 버스를 운전하는 일, 도로에서 청소하는 일, 환자를 치료하는 일, 노래를 작곡하고 부르는 일이 모두 생산 활동이지. 생산 활동은 워낙 다양하지만, 크게 세 가지로 나누어볼 수 있어.

(1) 자연에서 얻는 생산 활동

땅, 바다, 산 같은 자연을 자원으로 이용해서 물건을 생산하는 일이야. 땅에서 곡물이나 채소를 키우는 **농업**, 바다에서 물고기를 잡는 **어업**, 삼림에서 나무를 잘라 목재를 생산하거나 버섯을 채취하는 **임업** 같은 생산 활동이 여기에 해당해. 땅이나 바다나 산이 없다면 불가능한 일이겠지?

(2) 물건을 만드는 생산 활동

공장 같은 곳에서 사람들이 원하는 각종 물건(이것을 **재화**라고 함)을 만드는 일이야. 신발, 옷, 연필, 컴퓨터, 자동차 등 각종 재화를 만드는 일이 여기에 해당하지. 이런 생산 활동을 **제조업**이라고 불러.

(3) 서비스를 제공하는 것도 생산 활동이야

선생님이 학교에서 공부를 가르치는 일은 학생들을 똑똑하게 만들어줘. 의사가 치료하는 일은 환자를 건강하게 해주고. 버스 기사가 운전해주면 승객이 원하는 곳까지 편하게 갈 수 있지. 이럴 때 서비스를 생산하고 있다고 말해. 현대 사회에서는 물건을 직접 만들어내지는 않지만, 다른 사람에게 도움이 되는 일을 하는 사람이 점점 늘어나고 있는데, 이런 생산 활동을 **서비스업**이라고 해.

서비스를 생산하는 활동은 무척 다양해. 가수가 노래를 부르고 배우가 연기를 하는 일, 택배기사가 물건을 배달해주는

일, 경찰이 치안을 유지하는 일, 백화점에서 물건을 파는 일, 선수가 스포츠 경기를 하는 일, 사람들의 머리를 손질해주는 미용, 식당에서 음식을 만들어 파는 일 등이 모두 서비스업에 해당하거든.

참, 서비스에는 다른 뜻도 있어. 식당에서 음식을 먹고 있으면 가끔 덤으로 음식을 더 주는 경우가 있지? 그러면서 "서비스입니다"라고 말하는 걸 들어봤을 거야. 이처럼 물건값을 깎아주거나 덤으로 더 주는 것도 서비스라고 해.

여러분은 이다음에 어른이 되면 어떤 생산 활동을 해서 돈을 벌고 싶어?

직업과 취미와 봉사활동은
어떻게 다를까?

손흥민은 유명한 축구 선수야. 우리나라에서 손흥민을 모르는 사람은 아마 없을걸? 손 선수는 아직까지도 매일 축구장에 나가 연습을 한대. 여러분 주변에도 축구를 좋아해서 매일 학교 운동장에서 축구하는 친구들이 있을 거야. 그 친구들하고 손흥민 선수는 뭐가 다를까?

손흥민 선수는 축구를 **직업**으로 해. 직업이란 어떤 일을 전문적으로 계속 반복해서 하는 거잖아? 좋을 땐 열심히 하고 싫을 땐 아예 안 하고, 그런 게 아니라는 뜻이야. 하지만 친구가 축구를 하는 건 직업이 아니야. 여러 운동 중에 축구를 가장 좋아해서 하는 취미인 거지. 음, 그러면 친구의 직업은 뭐냐고? 좀 어색하긴 하지만 학생이라고 할 수 있어. 물론 이 친구가 축구를 계속하고 잘 해서 어른이 되어 축구 선수가 될지도 몰라. 그때는 축구 선수가 직업이 되겠지?

ⓢ 축구를 좋아해서 즐기는 것과 직업으로 축구를 하는 건 다른 거야.

직업을 가지고 일을 하면 돈을 벌 수 있어. 이처럼 일을 해서 버는 돈을 **소득**이라고 해. 가수는 노래를 불러 소득을 올리는 사람들이야. 그렇지만 취미로 노래를 배워 부르는 부모님은 노래로 돈을 벌지는 못해. 노래하는 일이 직업이 아니라 취미니까.

우리 주위를 둘러보면 봉사활동을 하는 어른들도 많아. 어려운 이웃을 위해, 병을 앓고 있는 환자를 돌보려고, 길거리에서 교통정리를 하면서 땀을 흘리시지. 이런 일은 모두 사회적으로 가치 있고 중요하지만 역시 돈을 벌지는 못해. 자신이 자발적으로 소득을 바라지 않고 남을 위해 일하는 거잖아. 같은 일을 하면서 돈을 벌 수도 있는데, 이를 마다하고 봉사활동을 하다니, 참 대단한 분들이지? 돈을 벌지는 못하지만, 거기서 오는 보람이 엄청나기 때문이래.

직업을 가지고 일을 한다는 것의 소중함은 이루 말할 수 없을 정도야. 대체 어떤 점들이 그러냐고?

(1) 돈을 벌 수 있어

당연히 돈을 벌 수 있으므로 소중하지. 가족이 안전하고 편안한 삶을 누리는 데 도움을 준다는 뿌듯함도 생겨. 그러나 이게 다가 아니야.

(2) 사회에 도움을 줘

어떤 일이 직업으로 인정받으려면 '사회가 필요로 하는 일'이어야 한다고 했지? 그러니까 직업을 통한 일은 다른 많은 사람에게 알게 모르게 혜택을 줘. 만약에 길거리에 청소하는 사람이 없다고 생각해봐. 얼마나 지저분할까? 쓰레기가 나뒹굴고 벌레가 들끓을지도 몰라. 보나마나 위생은 빵점일 거고. 날마다 이른 새벽 출근해서 청소하는 분들 덕분에 우리는 깨끗하고 안전하게 지낼 수 있어. 이런 경우는 어때? 마음이 슬프다가도 재미있는 영화를 보거나 아름다운 노래를 들으면 슬픔이 좀 사라지잖아? 정말 고맙고 근사하지? 이런 경험은 돈으로 따질 수 없는 엄청난 혜택이지.

(3) 자아실현을 할 수 있어

대개 자신이 하고 싶은 일이나 잘 하는 일을 직업으로 삼아. 여러분도 종종 "나중에 뭐 하고 싶어?" 하는 질문을 받았을 거야. 아마 "프로게이머"라고 대답하는 친구들도 꽤 많을 걸. 이처럼 직업은 자신의 목표와 소망을 이룰 수 있게 도와주는 역할도 해. 날이 갈수록 능력을 더 쌓아 어떤 분야에서 더 뛰어난 사람이 되게 해주지. 또 좋은 거 있다. 직업을 통해 성취감과 만족감을 누릴 수 있다는 것.

(4) 나라에 세금 내기

직업으로 버는 소득 가운데 일부는 세금으로 나가. 세금이 있어야 나라는 국방, 치안, 도로 건설 등 사회에 없어서는 안 될 여러 가지 활동을 할 수 있거든. 그러니까 우리가 일을 해서 소득을 올린다는 건 자신뿐 아니라 나라를 위한 길이기도 하다는 뜻이지.

모든 사람이 직업을 가지고 해나가는 일 하나하나가 쌓여 나라 경제가 돌아가고 나라 발전에 도움을 주는 거야. 요즘 우리의 필수품인 컴퓨터를 생각해봐. 아주 작은 부품 하나라도 고장 나면 컴퓨터가 작동을 멈추잖아? 나라 경제도 그래. 수많은 사람이 맡아 하는 일들 중 어느 하나라도 제대로 이루어지지 않는다면 나라 살림도 순탄하게 돌아가지 못해. 그래서 이 세상에 소중하지 않은 일이나 의미 없는 직업은 하나도 없다고 말하는 거야. 어느 정도 나이가 되면 누구나 직업을 가지고 일하고 싶어 하는 거고!

　돈이 아주 많은 사람도 아무 일 안 하고 놀기보다는 직업을
가지고 일할 때 더욱더 보람을 느끼게 마련이야.

이런 **소득** 저런 소득

소득은 얼핏 보기에 모두 같은 돈이지만, 어떤 형태의 생산 활동을 하는지에 따라 구분해볼 수 있어. 여러분도 이제 부모님이나 가족이 어떤 소득을 벌고 있는지 알 나이가 되었으니, 한번 들어볼래?

(1) 회사에서 일하기

다른 사람이 소유한 회사에 다니면서 일을 하고 그 대가로 월급과 보너스를 받는 거야. 이런 소득을 **근로소득**이라 하고, 근로소득을 받는 사람들을 **근로자**라고 불러. 우리나라, 아니 대부분 나라에서 가장 많은 사람이 벌고 있는 소득의 종류가 근로소득이야.

회사가 망하지 않는다면 소득을 안정적으로 유지할 수 있다는 게 근로소득의 장점이야. 물론 모든 일이 그렇듯 좋은

면만 있지는 않아. 아무리 일을 잘 해도 회사가 약속한 소득 이상을 벌기 어렵다는 단점이 있고, 또 일하는 사람들에겐 자신의 의지와 상관없이 회사 경영이 잘 안 되면 회사가 문을 닫아 일자리를 잃을 수 있다는 불안감도 있거든.

(2) 가게나 회사를 직접 운영해서 소득 올리기

자신이 직접 회사를 만들고 경영하는 사람도 있어. 회사라고 하니까 대기업처럼 웅장한 건물을 짓고 수백 명의 직원을 채용하는 곳만 생각하기 쉬워. 이런 곳도 물론 회사이지만, 혼자 운영하는 분식집이나 작은 아이스크림 판매점도 다 회사야.

이처럼 규모가 크든 작든 자신의 사업으로 올리는 소득을 **사업소득**이라고 해. 사업이 잘 되면 그만큼 소득이 높아진다는 장점이 있지만, 사업 상태에 따라 소득이 들쑥날쑥할 수 있다는 단점도 있지.

(3) 가진 재산을 이용해서 소득을 벌 수도 있어

돈을 많이 가지고 있는 사람은 여윳돈을 다른 사람에게 빌려주거나 은행에 예금해서 이자를 받을 수 있어. 땅이나 건물을 가지고 있는 사람은 다른 회사에 장소를 빌려주고 임대료(월세)를 받을 수 있고. 돈, 땅, 건물은 모두 그 사람의 재산이므로, 여기에서 생겨나는 소득을 **재산소득**이라 불러.

(4) 일하지 않고 버는 특별한 소득

조금 특별한 소득이 있어. 일하지 않으면 돈을 벌 수 없다고 했는데, 나이가 많거나 심한 병에 걸려 일을 할 수 없게 되는 사람들이 있잖아? 연세 많으신 할머니 할아버지처럼. 이런 분들도 돈이 있어야 생계를 유지할 수 있는데, 안타깝게도 일을 하기는 어려워. 이런 사람들에게는 정부가 거둔 세금으로 돈을 나눠주지. 이것을 **이전소득**이라고 해. 말이 조금 어렵지? 정부가 생활에 보탬이 되라고 주는 돈이야.

연금도 이전소득에 해당해. 연금이 무엇이냐고? 사람은 누구나 나이를 먹고 늙어가게 마련이야. 그래서 어른들은 일을 시작하면서부터 자신의 노후를 대비해 돈을 조금씩 내고, 정부는 이 돈을 모아 잘 관리해. 이것은 개인이 은행에 돈을 저축하는 것과는 분명히 다른 거야. 그러다가 일을 하기 힘든 나이가 되었을 때 정부에서는 그동안 모아두었던 돈을 매달 조금씩 돌려주는데, 이게 바로 연금이지. 아마 여러분 식구나 친척 가운데도 연금을 받는 분들이 계실 거야.

떳떳하게 **돈 버는 방법**을 알아보자

여러분도 **용돈**을 받지? 용돈도 소득에 속해. 여러분은 아직 어려서 사회에 나가 정식으로 일하지 못하니까 부모님이 대가 없이 돈을 주시는 거야. 그러므로 용돈은 일종의 **이전소득**이지.

어떤 친구들은 무작정 용돈을 받는 대신에 집안일을 돕거나 심부름을 하기도 해. 여러분은 어때? 참, 명절에 받는 세뱃돈이나 생일날 가족이나 친척에게서 받는 특별한 용돈도 있지?

용돈을 받지 않고 있다면 부모님께 말씀드려봐. 용돈을 받아서 혼자 힘으로 관리해보고 싶다고 말이야. 용돈으로 얼마가 적당한지에 대해서는 정답이 없어. 각 가정의 처지에 따라 달라지게 마련이잖아. 친구들이 받는 용돈이랑 비교해서 너무 적다며 불평하거나 많다고 자랑하면 안 돼.

우리나라 어린이 가운데 일을 해서 돈을 버는 친구들은 많

⑤ 집안일을 돕고 용돈을 받으면 왠지 떳떳하고 기분도 좋을걸?

지 않아. 대부분이 일하지 않고 용돈을 받지. 학교 공부를 하
느라, 이런저런 것을 배우러 학원에 다니느라 바빠서 일할 시
간이 없다는 핑계를 대면서 말이야. 그런데 정말 이 말은 핑
계일 뿐이야.

　바쁜 것은 맞지만, 그렇다고 일을 전혀 할 수 없을 만큼 바
쁘지는 않잖아? 하겠다고 마음만 먹으면 할 수 있는 일이 많
지. 여기에서 말하는 '일'은 물론 **집안일**을 말해.

　어린이들이 회사나 공장에서 일하면서 돈을 벌 수는 없잖
아. 이렇게 일해서 돈 버는 것은 어른이 된 후에나 가능하지.
우리나라에서는 만 15살이 되어야 돈을 벌기 위한 목적에서
정식으로 일을 할 수 있도록 법으로 정해놓았어. 어떤 일자리

는 18살 미만의 청소년을 고용하지 못하게 해.

하지만 여러분도 얼마든지 집안일을 할 수 있어. 자신의 이불이나 침대를 정리하는 일, 청소, 부모님 심부름, 현관 정리와 구두 닦기, 식탁 정리하기, 빨래 도와주기 등 집에서 할 수 있는 일도 꽤 많아. 부모님과 상의해서 도움이 필요한 집안일을 찾아서 해보고 그 대가로 용돈을 받는다면 기분도 좋고 훨씬 떳떳할걸? 만약 이렇게 되면 용돈이 대가 없이 받는 이전소득이 아니라 집에서 일하고 받는 근로소득이 되는 셈이지.

자원봉사나 이웃을 돕는 일도 가능해. 자선단체에서 봉사활동을 하고, 그에 대한 대가로 부모님으로부터 용돈을 받거나 보너스를 받는 거지. 어때, 할 수 있는 일이 많지?

회사가 하는 역할이 뭐야?

회사는 사람들이 필요로 하는 물건을 만들거나 서비스를 제공해서 이윤을 버는 조직이야. 회사를 다른 말로 기업이라고도 불러.

회사의 목적은 돈을 버는 거야. 그렇다고 해서 회사를 돈 버는 괴물이라고 단순하게 생각해서는 안 돼. 회사는 돈 버는 거 말고도 사회에 여러 가지 중요한 역할을 하고 있거든. 어떤 역할을 하는지 궁금하지?

(1) 필요한 물건과 서비스를 생산해

회사는 물건(재화)과 서비스를 만들어. 만약에 이런 물건과 서비스를 생산하는 회사가 없다면 소비자들은 필요로 하는 물건을 구하지 못할 거야. 냉장고, 신발, 책 같은 것들이 없다고 생각해봐. 이걸 필요할 때마다 우리가 직접 만들어야 하는데, 생각만 해도 골치 아프지? 도저히 안 될 것 같잖아. 어디

ⓢ 기업에서는 많은 사람이 각자의 역할에 따라 일을 해.

그 뿐이야? 병에 걸려도 치료를 받지 못할 테니 아픔을 참아야 하고, 탕수육을 먹으려면 직접 돼지를 잡아서 고기를 마련하고 요리도 해야 해. 이런 책을 만드는 출판사도 없으니 여러분은 이 글도 읽을 수 없겠지. 회사는 이런 일들을 대신 해주는 곳이라고 보면 돼. 그러니까 사람들이 필요로 하는 각종 물건과 서비스를 생산하고, 그 대가로 이윤을 남기는 곳이지.

이번엔 거꾸로 생각해보자. 사람들이 좋아하는 물건을 만들지 못하는 회사는 어떻게 될까? 만든 물건이 팔리지 않으니까 이윤을 남기기는커녕 망하게 되겠지?

(2) 일자리를 제공해

회사는 일자리를 만들어줘. 회사가 물건을 만들려면 일하는 사람과 기계 등이 필요하므로 사람들을 채용해서 일을 시키고 월급을 줘. 근로자는 이 돈으로 각자 필요한 물건을 사

지. 만약에 일자리가 없다면 소득이 없을 테고 소비도 불가능
해지겠지? 회사는 일자리를 만들어줌으로써 사회에 실업자
가 생기지 않게 도움을 주는 거야.

(3) 수출을 하고 외화도 벌어

회사는 물건을 수출해서 외화를 벌어들이기도 해. 외화가
뭐고, 왜 중요하냐고? 외화는 달러, 유로 같은 외국돈을 말해.
우리가 외국에서 물건을 수입하려면 외화를 내야 하거든. 외
화가 부족하면, 겨울에 따뜻하게 난방을 해줄 석유를 수입하
기 힘들어져 추위에 떨어야 해. 베트남 쌀국수도 구경하지 못
하고, 방학 때 해외여행을 하는 것도 어려워지겠지.

(4) 나라에 세금을 납부해

회사는 정부에 세금을 내서 나라 살림에 보탬을 줘. 회사가
버는 이윤 가운데 일부를 정부에 세금으로 내는 거야. 회사가
내는 세금은 우리나라 정부가 거두는 전체 세금의 5분의 1 정
도야. 정말 엄청난 돈이지.

나도 **창업**해서 사장이 될 수 있어

다른 사람이 만든 회사에서 일하고 정해진 월급을 받는 것이 싫다면 아예 **창업**해서 직접 회사를 만들고 **경영**할 수 있어. 물론 처음부터 엄청난 대기업을 만들 수는 없지. 혼자서 시작하거나 친구와 작게 시작해서 차근차근 키워나가다 보면 기업도 자랄 거야. 삼성이나 현대 같은 세계적인 기업도 처음에는 작은 규모로 출발했거든. 예를 들어 혼자서 식당이나 가게를 시작하는 것도 창업이고, 여러 명이 돈을 모아 공동으로 회사를 시작하는 것도 창업이야. 빌 게이츠는 친구와 함께 창업해서 마이크로소프트사를 일으켰잖아?

창업에 성공하려면 노력도 많이 하고, 인내심도 있어야 해. 모든 일을 혼자서 결정해야 하고, 그 결과에 대해서 책임을 져야 하니까 공부도 많이 해야겠지. 하지만 모든 창업이 다 성공적이진 않아. 실패의 쓴맛을 보는 곳도 아주 많아.

ⓢ 창업은 여러 가지 분야에서 할 수 있어. 여럿이 함께 힘을 모아도 되고, 작은 규모로 혼자 시작할 수도 있어.

그럼에도 많은 사람이 창업을 시도하는 이유는 자신의 꿈을 이루는 기회를 보다 확실하게 얻고 싶어서야. 회사에 들어가서 일하게 되면 자기 꿈보다는 회사의 꿈을 먼저 생각하게 되거든. 그런 면에서 창업은 자신의 아이디어를 마음껏 펼칠 수 있게 해준다는 매력이 있지. 게다가 사업에 성공하면 **이윤**이라고 부르는 돈도 많이 벌 수 있고.

창업에 성공하려면 어떡해야 하냐고? 철저하게 준비해야지. 우선 자신에게 **사업가**가 될 수 있는 능력과 재능이 있는지부터 냉정하게 생각해봐야 해. 회사를 키우고 싶다고 해서 누구나 회사 경영을 잘 할 수 있는 것은 아니니까.

또 하나, 창업에 성공하려면 미리 여러 가지 경험을 쌓아야 해. 힘든 일이 닥쳐도 금세 포기해서는 안 돼. 그리고 모든 일에 최선을 다해야 해. 이런 자세야말로 성공하는 사업가가 되기 위한 필수 조건이지.

매우 당연한 말이지만, 자기 사업을 번창하게 하려고 정직하지 않은 방법이나 비윤리적인 수단을 쓰면 절대 안 돼. 정당하고 떳떳한 방법으로, 다른 회사와 구분되는 독특한 아이디어로 소비자들이 스스로 지갑을 열게 하고, 소비자가 만족하는 사업을 해서 이윤을 벌어야 진짜 사업가지.

그리고 사업을 해서 이윤을 벌었다면 정부에 **세금**을 내는 일도 잊지 말아야 해. 사업을 하고 돈을 버는 일은 나라가 있기에 가능한 거잖아? 모든 개인이 나라에 세금을 내야 하듯이, 회사도 사업을 해서 번 이윤에 대해서는 반드시 세금을 내야 해. 그래서 정부에서는 세금을 정당하게 내지 않는 사업주나 기업에 벌금을 매기기도 해.

뭐니뭐니 해도 **좋아하는 일**이
제일 좋은 직업이지

다들 열심히 일하니까, 무슨 일을 하든 비슷하게 벌 것 같지? 천만의 말씀. 절대 그렇지 않아. 직업에 따라, 하는 일에 따라 소득이 하늘과 땅처럼 차이가 나. 이왕이면 똑같은 시간을 일하더라도 더 많은 소득을 벌 수 있으면 좋을 텐데, 왜 누구는 다른 사람보다 소득을 더 많이 벌 수 있을까?

이 얘기를 바로 시작하기 전에 여러분이 좋아하는 딸기를 한번 떠올려봐. 마트에 갈 때마다 딸기를 한 상자씩 사고 싶은데, 엄마가 어떤 때는 선뜻 사주고 어떤 때엔 망설이셔. 왜 그럴까? 맞아 가격 때문이야. 그러면 가격은 어떻게, 왜 달라지는 걸까? 날씨가 좋고 기온도 적당해서 딸기 생산량이 많아지면 값이 떨어져. 반대로 봄인데도 기온이 떨어진다거나 갑자기 벌레가 퍼졌다거나 해서 작황이 좋지 않으면 값이 오르지. 어느 날 방송에서 딸기의 이런 저런 성분이 몸에 좋대요 하는 소식이 나오면 사고 싶어 하는 사람이 갑자기 늘어나고 자연스레 딸기값도 올라. 모든 물건값은 이런 원리에 의해 오르내리는 거야. 이제 직업마다 소득이 다른 이유를 이해할 준비가 되었겠지? 소득은 그 사람의 '능력 값'이라고 볼 수 있어.

어떤 직업의 일을 하려는 사람들이 매우 많다고 해봐. 일자리는 별로 없는데 일하려는 사람이 넘쳐난다면, 이런 직업에서 벌 수 있는 소득은 많지 않을 거야.

이번에는 전문적인 직업을 생각해보자. 의사, 변호사, 영화배우, 가수, 전문 유튜버, 프로농구선수처럼 전문적인 지식이나 특출난 **재능**을 지닌 사람은 주위에 많지 않아. 그러니 이런 사람들은 소득을 많이 올릴 수 있지.

직업을 선택할 때는 분명히 소득을 생각해봐야 해. 이왕이면 소득이 많은 직업을 선택하면 좋겠지? 그렇지만 소득보다 더 중요한 게 있어. 바로 자신이 그 일을 진정으로 좋아하는지, 그리고 자신에게 그 일을 잘 할 수 있는 **소질**과 **재능**이 있는지를 확인하는 거야. 피를 보면 긴장하고 손이 떨리는 사람이 외과의사를 한다고 생각해봐. 말이 안 되지? 발음이 정확하지 않은 사람이 래퍼나 아나운서를 하겠다면 성공할 수 있을까? 아마 얼마 버티지 못하고 다른 일을 찾아야 할걸.

지금 사람들 사이에서 인기 많은 직업이라고 해서 자신도 그걸 선택하겠다는 생각은 너무나 위험해. 세상이 변하면 인기 있는 직업도 달라지게 마련이거든. 지금 인기 많은 직업

ⓢ 자기가 정말 좋아하는 게 무엇인지 찾아야 해. 좋아하는 일이 직업으로 연결된다면 정말 멋질 거야!

이 10년 뒤, 20년 뒤에도 인기 있다는 보장은 없어. 직업은 30~40년 후에도 가지고 있어야 하는 거잖아? 그러니까 직업을 선택할 땐 특히 신중해야 해.

피자를 너무너무 좋아하는 친구가 있어. 그래서 일 년 내내 아침점심저녁 모두 피자만 먹기로 마음먹었지. 이 친구는 과연 성공했을까? 천만의 말씀. 3일 먹다가 지쳐버렸대. 아무리 좋아하는 음식이라도 너무 자주 먹으면 질리기 마련이야. 좋아하는 음식도 이런데, 좋아하지도 않으면서 소득을 많이 번다는 이유로, 인기 있다는 이유로 직업을 선택하면, 과연 그 일을 오래 할 수 있을까? 아니, 일 때문에 오히려 불행해질 거야.

그러니까 우리는 직업을 선택할 때, 자신의 적성과 소질이 무엇인지 깊이 생각해보아야 해. 좋아하는 일을 반복해서 하다 보면 기술이 쌓이고 전문성이 높아지거든? 그러면 소득은 저절로 늘어나기 마련이지. 좋아하는 일을 해서 버는 소득이 제일 좋은 소득이야.

하고 싶은 일이나 좋아하는 일이 많아서 걱정이라고? 평생 한 가지 직업을 가져야 할 필요는 없어. 옛날과 달리 오늘날에는 도중에 직업을 바꾸는 사람이 많아졌거든. 동시에 여러 직업을 가지고 있는 사람도 있고. 아직은 어떤 직업을 가질지 확실하지 않을 테니 여러 가지 경험을 하면서 자신의 적성과 소질이 무엇인지 탐색하는 게 아주 중요해.

학생들이 학교에서 공부하는 것은 미래 직업 활동에 필요한 기초 지식이나 기본 능력을 조금씩 키워나가는 과정이야. 자신의 적성이 어디에 있는지를 찾는 과정이기도 하지. 비록 지금은 공부하느라 힘들고, 또 때로는 공부가 전혀 쓸모없을 것처럼 보여도 어른이 되면 다 유익하게 쓰인다니까? 앞으로 어떤 일을 하게 될지 잘 모르는데도 "난 수학은 필요 없어"라고 하거나 "난 역사 공부가 싫어" 하면서 특정 과목을 배척하면 안 되는 이유야. 학교 공부는 나중에 어른이 되어서 살아갈 때 필요한 기초지식과 정보를 알려주는 거야.

인생 목표 세우기

여러분의 인생 목표는 뭐야? 어떤 사람이 되고 싶어? 운동선수? 연예인? 디자이너? 비행기 조종사? 아직 정하지 못했다고? 어른들은 종종 인생에 목표를 세우고 그걸 달성하려고 노력하는 일이 중요하다, 고 말씀하시지.

목표 없는 삶은 나침반 없이 바닷물에 둥둥 떠서 표류하는 배와 같다고 하지? 어디로 가야 할지, 어디로 가는 것이 좋을지를 전혀 모른 채 파도에 휩싸여, 아니면 바람이 부는 대로 배가 이리저리 이동한다면 얼마나 불안할까?

과학자들이 '목표 세우기가 장수의 비결이 될 수 있다'는 흥미로운 연구 결과를 발표한 적이 있어. 목표를 정하고 이를 달성하기 위한 삶을 살면, 저절로 건강을 위협하는 행동을 피하게 되고, 몸에 긍정적인 기능을 하는 행동을 하면서 건강을 유지하는 데 도움이 된다는 거야.

ⓢ 용돈 관리의 첫 단계는 돈을 어디에 쓸지 정하는 거야.

    돈과 관련해서도 마찬가지야. 돈의 바다에서 표류하지 않으려면 구체적인 목표를 정하고 이를 달성하기 위한 구체적인 계획을 세워야 해. 그래야 흔들리지 않고 앞으로 나아갈 수 있고, 어쩌다 암초를 만나더라도 극복할 수 있거든.

    물론 돈과 관련된 목표를 처음부터 완벽하게 세우는 일은 불가능해. 누구에게도 그런 능력은 없어. 살아가다 보면 목표를 잘못 정했다는 판단이 들 때도 있고, 상황이 변해 목표를 바꿔야 할 경우도 생기게 마련이거든. 더 나은 목표가 있는데도 처음 세운 목표를 무작정 고집하는 일은 어리석은 일이겠지?

    어떤 목표는 다음 주나 몇 달 후에 하고 싶을 거야. 또 10년 후에 달성하고 싶은 목표도 있을 테고. 그래서 목표를 세울 때엔 단기 목표, 중기 목표, 장기 목표로 나누어 정하는 게 좋아. 한번 알아볼까?

(1) 단기 목표

지금부터 1년 정도 안에 달성하려는 목표를 **단기 목표**라고 말해. 예를 들어 1년 안에 스케이트보드를 사기로 마음먹었다면 그건 단기 목표야. 만약 이에 필요한 돈이 10만 원이라면, 한 달에 만 원씩 돈을 모으는 계획을 세워서 1년 안에 스케이트보드를 내 힘으로 마련할 수 있을 거야.

(2) 중기 목표

중기 목표는 1년부터 10년 정도까지 달성하려는 목표를 말해. 예를 들어, 고등학교를 졸업하고 유럽 여행을 가기로 했다면 중기 목표에 해당하지. 이때 배낭여행에 필요한 돈이 300만 원이라고 책정했다면, 이제부터 이 돈을 어떻게 모을지 계획을 세워야 해.

(3) 장기 목표

마지막으로 **장기 목표**가 있어. 10년 이상의 매우 긴 기간에 달성하려는 목표이지. 20년 후 또는 40년 후의 목표는 매우 먼 훗날의 일이라서 피부로 느끼기 어려울 거야. 그래도 어른이 된 후에 무엇을 하고 싶은지를 생각해보는 게 좋아.

60살에 10억 원을 모으는 목표를 정한다고 가정해볼게. 지금 10살이라면 50년 후의 일이므로 매년 2,000만 원을 모아야 해. 그런데 이 목표를 20살에 정한다면 매년 모아야 할 돈이 2,500만 원이 되는 거야. 이보다 늦게 30살에 정한다면 매년 3,300만 원의 돈을 모아야 하겠지?

목표를 늦게 정할수록 목표를 달성하는 일이 점점 힘들어진다는 뜻이야. 목표를 일찍 정하고 실천해 나아가는 게 중요한 까닭이 바로 이거라고.

목표를 정했으면 손으로 종이에 직접 써서 벽이나 책상에 붙여 놓길 바라. 냉장고처럼 자주 눈에 띄는 곳도 괜찮지. 눈에 잘 띄고 자주 볼 수 있는 장소라면 어디든 상관없어. 목표를 잊어버리지 않고, 수시로 떠올리는 게 중요하니까 말이야. 그러면 바라는 목표를 이뤄낼 가능성이 점점 더 커질 거야.

어른들은 **목표**를 **어떻게** 세울까?

어른들이 자신의 개인 목표를 정할 때, 또는 회사가 경영 목표를 세울 때 쓰는 몇 가지 방법을 알아보자. 아직 어린 여러분이 자신만의 목표를 만드는 데 커다란 도움이 될 거야.

첫째, 목표는 **구체적**으로 정해야 해. 다음 달의 목표이든, 10년 후의 목표이든, 목표는 항상 구체적으로 정해야 한다는 거, 잊지 마. 그래야 달성하려는 의지와 동기가 생기고 목표를 달성하기 쉬워져.

둘째, **측정할 수 있는** 목표를 세워야 해. 그냥 막연하게 '착한 사람이 되겠다' '수학 공부를 많이 하겠다' 같은 목표는 바람직한 내용을 담고는 있지만 측정할 수 없으므로 좋은 목표라 할 수 없어. 어떻게 행동해야 착한 사람인지, 하루에 얼마를 공부해야 많이 한 것인지를 알기 어려우므로 목표를 달성했는지 아니면 달성하지 못했는지를 판단할 수 없잖아? 이럴 때엔 조금 더 구체적으로 '집에서 인정받는 착한 자녀가 되어야지' 하는 목표를 세워봐. 그러고는 집안일 가운데 매일 빨래 정리를 돕겠다고 목표를 세우는 거지. 수학 공부를 많이 하겠다는 목표도 그래. 그냥 많이 하겠다, 라고 목표를 세우지 말고 '자습서 수학문제를 하루에 2쪽씩 풀겠다'고 정해봐. 내가 한 일을 실제로 체크할 수 있는 목표를 정해야 해.

셋째, **실천 가능**한 목표이어야 해. 예를 들어 3년 후에 우주에 가겠다는 목표는 단기 목표로 어울리지 않을 뿐 아니라, 실천 가능하지 않으므로 목표 달성을 위해 할 수 있는 일이 현실적으로 없어. 목표를 정하나 마나인 것이지. 지금 자신이 행동할 수 있는 목표이어야 해.

넷째, 목표는 이왕이면 **도전적**인 게 좋아. 현실적으로 가능한 목표를 정해야 한다고 해서, 다음 달에 놀이공원 가기를 목표로 정한다면 매력이 떨어지겠지? 목표를 달성하려고 열심히 그리고 도전적으로 실천할 수 있어야 해.

다섯째, **기간**을 정해야 해. 언젠가 회사 사장이 되겠다는 목표는 기간이 정해져 있지 않아 좋은 목표라고 할 수 없어. 예를 들어 "40살에 사장이 되겠다" 같이 기간을 정해놓아야 진짜 목표지.

여섯째, **즐길 수 있는** 목표를 정하는 게 좋아. 좋아하지도 않는, 그래서 싫어서 죽을 것 같은 일을 목표로 정하면 안 되겠지? 예를 들어 피아노를 치기 싫은데, 화려해 보이고 세계 이곳저곳을 다닐 수 있다는 이유로 세계적인 피아니스트가 되겠다는 목표는 오히려 인생을 고통으로 빠지게 할 거야. 진심으로 이루고 싶은 목표이어야 즐기면서 한 걸음씩 전진할 수 있어.

좋은 목표란 어떤 것일까?

- 구체적인 목표
- 측정할 수 있는 목표
- 실천 가능한 목표
- 도전적인 목표
- 기간이 있는 목표
- 즐길 수 있는 목표

돈이 많으면 좋은 까닭

주머니에 돈이 많으면 무엇이 좋을까요? 왜 어른들은 돈을 많이 벌려고 할까요?

너무 뻔한 질문이라고 생각하지 말아요. 남들이 돈이 많으면 좋다니까 앞뒤 따지지 않고 나도 돈을 많이 벌고 싶다고 생각하는 친구가 있을 거예요. 돈이든 무엇이든 많으면 좋을 테니까 하고 막연하게 생각하는 친구도 있을 거고요. 이렇게 생각하지 말고, 돈이 있으면 어떤 점에서 좋은지 그 이유를 신중하게 생각해봐요. 반대로 돈이 없으면 왜 문제가 되는지, 무엇이 불편한지도 생각해봐요.

첫째, 돈이 있으면 자유를 누릴 수 있지요. 자유란 참으로 좋은 거랍니다. 돈이 있다면 하고 싶은 일을 자유롭게 할 수 있어요. 반대로 하고 싶지 않은 일을 하지 않을 자유도 있어요. 하기 싫은데 돈 때문에 억지로 해야 한다면 참으로 고통스러울 거예요.

돈이 있으면 살고 싶은 곳에서 살고, 더 큰 집에서 살 수 있는 자유도 누리게 돼요. 물건을 살 때나 여행을 다닐 때 고를 수 있는 선택지가 늘어나요. 선택지가 늘어난다는 것은 그만큼 자신의 만족을 늘릴 가능성이 크다는 것을 말하지요.

그래서 돈이 없는 사람보다 돈이 있는 사람이 인생에서 더 큰 만족을 얻을 가능성이 커요. 돈이 없어서 하기 싫은 일을 해야 하고, 돈 때문에 다른 사람에게 피해를 주거나 범죄를 저지른다면 이보다 불행한 일은 없을 거예요.

둘째, 안전해지지요. 사람의 인생이 평지처럼 순탄하지만은 않아요. 평소에는 별일 없이 잘 지내다가도 갑자기 교통사고를 당할 수 있어요. 건강이 갑자기 나빠져 수술을 받아야 하는 경우도 생기고요. 만약 이처럼 위급한 일이 생겼을 때 병원비가 없다면 제때 치료를 받지 못해요. 만약에 돈이 있다면 병원비 걱정 없이 치료를 받아 안전한 생활을 유지할 수 있어요. 치료비를 내고도 남은 돈이 있으므로 일상생활을 안전하게 유지할 수도 있고요.

셋째, 자신감을 가질 수 있지요. 돈이 있으면 당당해지고 매사에 자신감을 가질 수 있어요. 그러다 보면 하는 일이 더 잘되기도 해요. 부자는 하는 일마다 잘 되는 특별한 비법이 있는 것처럼 보이는데, 실은 자신 있게 일을 처리하기 때문에 무엇을 해도 잘 되는 거예요.

넷째, 자신의 꿈을 실현할 수 있지요. 꿈을 이루려면 대개는 돈이 필요해요. 그래서 돈이 있으면 하고 싶은 일을 할 수 있으며, 자신의 꿈을 꾸는 데서 그치지 않고 실현할 수 있게 된답니다.

다섯째, 남을 도울 수 있지요. 뉴스를 통해 자신의 돈을 기부했다는 연예인의 소식을 들으면 직접 그 혜택을 받지 않더라도 기분이 좋아져요. 기부한 사람의 기쁨은 한층 더 클 거예요. 돈이 있으면 이처럼 나눔의 기쁨을 누릴 수 있게 된답니다. 학교에 장학금을 기부하거나 겨울 추위에 몸을 녹일 수 있도록 따뜻한 연탄을 기부하려면 돈이 있어야 해요.

□ 2020 개정 금융교육 표준안(금융감독원) 관련 내용

- 소득의 다양한 원천을 확인한다.

- 생산 활동에 기여한 대가로 얻은 돈인 소득의 종류를 파악하도록 한다. 소득의 명칭을 학습하는 것에 집중하기보다는 사례를 통해 소득이 생산 활동에 대한 서로 다른 기여를 통해 구분되는 것임을 학습하는 데 주안점을 둔다.

□ 주요 내용1: 일의 중요성

- 필요한 재화와 서비스를 구입하기 위해서는 돈이 있어야 하며, 일을 해서 돈을 벌어야 함

- 사람들은 다양한 방법으로 생산 활동에 참가하고 일함으로써 돈을 벌고 있음

- 돈을 벌기 위해서는 누구나 생산적인 일을 해야 하며, 그러한 일에 대한 대가로 받는 것이 소득임

- 일에는 귀천이 없으며 모든 일은 사회에 도움이 되는 생산적인 활동이며 매우 소중함

□ 주요 내용2: 직업과 소득과 소비
- 생산 활동에 참가해서 일을 하고 그 대가로 얻는 돈을 소득이라 함
- 사람들은 소득을 가지고 자신에게 필요한 재화와 서비스를 구입해서 사용하는데 이를 소비라고 함
- 그러므로 소비와 소득은 떼려야 뗄 수 없는 관계에 있음
- 일을 해서 번 소득으로 소비를 하고, 소비를 위해 소득을 버는 모든 활동을 경제 활동이라 함
- 자신의 일을 전문적으로 하는 것을 직업이라고 하며 소득을 벌기 위해서는 누구나 직업을 가져야 함
- 직업은 돈을 버는 수단 외에도 여러 가지로 사회에 기여함 돈을 벌고 필요한 소비를 할 수 있게 해줌
- 직업을 통해 자신이 하고 싶은 일을 하고 가족을 위한 노력을 할 수 있다는 점에서 행복과 보람을 얻을 수 있음
- 직업을 통해 사회에서 반드시 필요한 것을 생산하게 되므로 국가 발전에 기여할 수 있음
- 직업을 통해 버는 소득의 일부를 세금으로 납부해 국가 살림에 기여함

□ 주요 내용3: 소득의 종류

- 사람들이 소득을 얻기 위해서 하고 있는 생산 활동의 종류는 여러 가지임

- 회사처럼 직장에 근무하면서 일을 하고 돈을 버는 사람이 있음. 우리나라에서 가장 많은 사람들이 돈을 벌고 있는 방법임. 회사가 망하지 않는다면 소득을 안정적으로 벌 수 있다는 장점이 있지만 정해진 소득 이상을 벌기 어렵다는 특징이 있음

- 자신이 직접 회사, 식당, 상점 등을 운영해서 돈을 버는 사람이 있음. 사업이 잘 된다면 많은 소득을 벌 수 있지만 사업 실적에 따라 소득이 달라져서 변동성이 크다는 특징이 있음

- 자신이 보유하고 있는 돈이나 건물을 다른 사람에게 빌려준 대가를 받음으로써 돈을 버는 사람이 있음. 돈을 빌려줘서 받는 이자, 건물을 빌려주고 받는 임대료가 여기에 해당함

- 일을 할 수 있는 능력이 부족하거나 나이가 많아 일을 할 수 없는 사람도 소득이 필요함. 국가가 보조금을 주기도 하고, 젊었을 때부터 가입한 연금으로 소득을 얻음

- 어린이들은 아직 사회에서 일을 해서 돈을 벌 수 있는 나이가 아니므로 부모로부터 용돈을 받는데, 이 용돈은 어린이 입장에서 소득이 됨

- 초등학생 수준에서 위에서 언급한 소득의 종류의 이름(근로소득, 사업소득, 재산소득, 이전소득)을 명시적으로 가르치는 일은 바람직하지 않음

□ 생각해보기: 모든 사람은 같은 크기의 소득을 벌까요?

- 하는 일의 선호도, 전문성, 위험도 등에 따라서 소득이 달라짐. 어떤 일이나 직업은 소득을 많이 벌 수 있게 해주는데, 이러한 일을 하려면 보통 전문적인 기술이나 지식, 풍부한 경험이 필요함

- 같은 일을 하더라도 자신의 경험, 능력, 지식, 기능이 풍부해지면 더 많은 소득을 벌 수 있음

- 우리가 학교에서 공부하는 것은 미래에 자신의 지식이나 능력을 키워서 이왕이면 더 많은 돈을 벌기 위한 투자임

- 일이나 직업을 선택할 때 소득의 크기만을 고려해서는 안 되며, 그보다 더 중요한 것이 자신의 소질, 적성, 선호 등임

- 자신이 좋아하고 잘 할 수 있는 일을 반복적으로 하다 보면 소득은 자연스럽게 증가함

- 아무리 소득이 많은 일이라도 자신이 좋아하지 않는 일이라면 금세 실증을 느끼고 일에 대해 만족하지 못함

네 번째 시간
돈 쓰기

돈, 언제 써야 할까?

돈, **잘 쓰기**도 어려워

용돈을 받았다고? 스스로 관리할 돈이 생기니 책임감이 좀 느껴지지? 용돈으로 제일 먼저 뭘 하고 싶어? 실컷 써버리겠다고? 잠깐, 그 전에 생각해볼 게 있어.

여러분은 돈 버는 일이 쉬울 것 같아, 어려울 거 같아? 텔레비전을 켜도 주위를 둘러봐도 사람들이 별로 어렵지 않게 돈을 쓰고 사는 것 같지? 그래서 여러분도 어른이 되면 다 돈을 잘 버나 봐, 라고 생각할지도 몰라. 그런데 또 이런 말씀을 하시는 어른들도 많아.

"땅을 파 봐라. 돈이 나오나!"

돈이 좀 생겼다고 한꺼번에 먹을 걸 샀다거나 몽땅 게임 머니 충전하는 데 썼다거나…… 이렇게 돈을 마구 써버렸을 때 흔히 듣는 말이지. 이게 다 돈을 소중하게 생각하라는 뜻이야.

돈 버는 일도 물론 힘들지만, 이에 못지않게 돈을 쓰는 일도 어려워. 아무 생각 없이, 생각나는 대로, 충동적으로 써버리는 일은 어렵지 않지만, 이렇게 쓰다가는 하루아침에 빈털터리가 될걸? 순식간에 빚을 지게 될 수도 있고.

　미국에서 복권에 당첨되어 상금으로 무려 250억 원을 받은 남자가 있었어. 26살의 젊은 나이에 졸지에 거부가 된 거지. 1년에 1억 원씩 쓴다면 다 쓰는 데 250년이나 걸리는 엄청난 돈이야. "평생 써도 다 못 쓴다"고 할 수 있는 어마어마한 금액이었거든?

　그는 이런 생각에 사로잡혀 내키는 대로 돈을 써버렸어. 그랬더니, 써도 써도 마르지 않을 것 같던 그의 지갑은 11년 만에 텅 비어버렸대. 이게 다가 아니야. 그것도 모자라 수십억 원의 빚까지 지고 파산했대.

　돈을 버는 일보다 쓰는 일이 더 중요하다고 말하는 까닭이 바로 이런 거야. 아무리 많이 벌어도 씀씀이가 헤프다면 남는 돈이 없다는 뜻이지. 바닥에 구멍이 난 항아리에는 아무리 많은 물을 퍼부어도 항아리에 물이 고이지 않잖아? 돈 쓰는 것도 마찬가지야.

　그렇다고 무조건 돈을 쓰지 말아야 한다는 뜻은 절대 아니야. "돈은 쓰려고 버는 거야"라는 말도 있잖아. 뭐, 이것도 맞는 말이긴 해. 쓰지 않을 돈이라면 아무리 많아도 무슨 소용이 있겠어, 그냥 그림의 떡이지. 그렇다면 결론은 무엇일까?

　돈을 '잘' 또는 '제대로' 쓰는 게 중요하다는 뜻이야. 무턱대고 쓰지 말고, 계획을 세워서 꼭 필요한 데부터 돈을 쓰는 것이 잘 쓰는 방법이야. 당연한 말로 들리지만, 이 말을 실천하는 건 생각처럼 쉽지 않아. 그래서 다들 돈을 쓰는 일도 어렵다고 말하는 거야.

어떤 사람은 돈을 너무 많이 써버려서 문제가 되지만, 돈을 너무 쓰지 않아서 문제가 되는 사람도 있어. 소설 〈크리스마스 캐럴〉에 나오는 스크루지 영감 같은 사람이 그래. 그는 지독한 구두쇠에 남에게 돈을 빌려주고는 엄청난 이자를 받아 사람들을 괴롭히는 고리대금업자였어. 이런 사람 역시 돈을 '잘' 쓰는 사람이라 말할 수 없지. 자신에게 필요하고 생활에 도움이 되는 곳이라면 돈을 써야 해. 때로는 어려운 사람을 위해 자신의 돈을 쓸 필요도 있고. 이런 씀씀이라면 충분히 가치 있다고 말해.

용돈을 주는 사람은 누구야? 대개 부모님이 힘들게 일해서 번 돈에서 주시는 거잖아. 그러니 아무리 적은 용돈이라도 함부로 쓰면 안 된다고. 이걸 명심해야 해. 용돈을 잘 쓰면, 이다음에 어른이 돼서도 자신이 벌게 되는 소득을 잘 쓸 수 있을 거야.

소크라테스라는 고대 그리스의 철학자는 이런 멋진 말을 남겼어. 무슨 뜻인지 친구들이랑 이야기해봐.

"부자가 자신의 재산을 자랑하더라도 그 재산을 어떻게 쓰는지
알 때까지는 그를 칭찬하지 마라."

용돈은 왜 언제나 적다고 느껴질까?

자신이나 가족에게 필요한 것을 사려고 돈을 쓰는 것을 **소비**라고 해. 문구점에서 공책을 사는 것, 편의점에서 아이스크림을 사는 것, 버스나 지하철을 타는 것, 백화점에서 옷을 사는 것 등등 모두 소비 활동이야. 이 세상에 소비하지 않고 살아가는 사람은 단 한 명도 없어. 누구나 **소비자**지.

소비와 생산은 동전의 양면 같아. 사람들이 살아가는 데 필요한 것들을 돈을 내고 사는 경제 활동이 '소비'라면, 사람들에게 필요한 것들을 만들어내는 경제 활동이 **생산**이야. 이렇게 연결되어 있으니, 사람들이 소비를 해야 회사들도 계속 생산할 수 있겠지? 물론 회사들이 생산해야 소비자들이 소비할 수 있다고도 말할 수 있지만. 소비와 생산은 이처럼 떼려야 뗄 수 없는 관계를 맺고 있어.

소비가 늘어나면 생산도 따라서 늘어나. 그러면 회사에서 일하는 사람들의 소득이 늘어나고 다시 소비를 더 많이 할 수 있게 되지.

이 말을 읽고, "소비는 좋고 필요하니까 무조건 많이 소비해야지" 하고 생각하는 친구가 있다면 노노, 좀 곤란해. 소비하는 돈이 하늘에서 뚝 하고 떨어지는 게 아니니까. 소비하는 돈은 소득에서 온다는 사실을 잊지 말아야 해. 소득은 무한정 생기는 것도 아니고.

여러분은 부모님이 주시는 용돈에 만족해? 아마 용돈이 부족하지 않다고 생각하는 친구는 없을걸. 부모님은 많이 준다고 말씀하는데 용돈을 받는 사람은 늘 부족하다고 느껴. 어른들도 마찬가지야. 회사는 급여를 많이 준다고 생각하고, 노동자들은 하는 일에 비해 적게 받는다고 여기지. 이게 현실이야. 여러분의 경우에도 하고 싶은 일, 사고 싶은 것, 먹고 싶은 것을 다 충족하기에는 용돈이 턱없이 부족하다고 느끼는 거잖아? 그래서 용돈은 늘 모자라. 어려운 말로 희소하다고 하지.

하지만 조심할 게 있어. 어차피 용돈이 모자라니 대충 아무렇게나 써버리겠다는 마음인데, 이건 정말 큰일날 소리야. 이런 생각은 상황을 더 나쁘게 만들 뿐이거든. 이럴수록 정신을 차려서 희소한 용돈을 어디에 얼마를 써야 할지 꼼꼼하게 따져야 해. 아무 생각 없이 용돈을 써버린 달보다, 계획을 세워 따져서 용돈을 **합리적**으로 쓴 달이 더 만족스러웠던 경험이 누구에게나 있을걸?

음, 이 문제를 노는 시간 활용하기랑 연결해서 생각해보자.

ⓢ 용돈은 내 것이지만 쓰는 데엔 지도와 계획이 필요해.

어느 토요일, 학원에 가기까지 3시간이 남아 있다고 해봐. 시간이 많은 듯하지만 할 일을 생각해보면 꼭 그렇지도 않아. 친구 생일 파티에도 가야 하고, 게임도 하고 싶고, 보고 싶은 만화영화도 있거든, 거기에 학교 숙제도 해야 해. 이 모든 일을 다 하려면 3시간으론 어림도 없지.

　시간이 부족하다고 해서 "될 대로 되라지" 하는 심정으로 낮잠을 자버리면 최악의 선택이 되겠지? 희소한 시간 동안 무엇부터 하고 무엇을 하지 않기로 하는 게 좋은지를 생각해서 중요한 일부터 하나씩 하는 것이 합리적이지.

돈을 쓸 때 **우선순위**를 정하자

합리적으로 소비하려면 몇 가지를 명심해야 해. 지금부터 이야기하는 몇 가지만 잘 기억하고 실천으로 옮길 수 있다면 소비를 '잘' 해서 **합리적 소비자**가 되는 일도 어렵지 않을 거야. 합리적 소비를 위해 제일 먼저 해야 할 일은 소비의 **우선순위**를 정하는 거야.

희소한 용돈으로 원하는 것들을 모두 사거나 할 수 없으므로 무엇부터 사야 하는지 순서를 정하는 거지. 그러려면 돈을 쓰기 전에 무엇이 가장 필요한지, 무엇이 제일 중요한지를 꼭 파악하고 있어야겠지?

동생 생일선물을 사야 하는데, 날씨가 너무 덥다면서 기분 내키는 대로 아이스크림도 사고 음료수도 사 먹는다면, 우선순위를 제대로 지키지 못한 소비가 되는 거야. 동생 생일날 동생 눈치를 보게 될 테니까. 아니면 엄마한테 다음 달 용돈을 미리 달라고 손을 내밀어야 하겠지?

우선순위를 정할 때는 그것이 꼭 필요한 물건인지 아니면 없어도 되지만 가지고 싶은 물건인지를 냉정하게 따져보아야 해. 이런 식의 생각훈련은 합리적인 소비생활을 하는 데 큰 도움을 주지. 반드시 있어야 하는 물건은 소비 우선순위에서 앞부분을 차지하겠지? 없어도 되지만 가지고 싶거나, 안 먹어도 되지만 먹고 싶은 욕구는 우선순위에서 뒤로 미뤄질 거고.

우선순위를 정하고 나면 그에 대한 근거를 자신 있게 말할 수 있어야 해. 다른 사람에게 말했을 때 인정받을 수 있을 타당한 근거가 없다면 우선순위에 문제가 있는 것이니 다시 정해야겠지?

우선순위를 정하는 기준

∘ 사고 싶은 물건이 나에게 정말 필요한가? 아니면 없어도 되지만 원하는 것인가?
∘ 필요하다면, 당장 필요한가? 아니면 조금 기다려도 되는 것인가?
∘ 필요성을 다른 사람에게 자신 있게 말할 수 있는가?

나는 돈을 **현명하게 쓰고 있는** 걸까?

우선순위에 따라 어떤 물건을 사기로 신중하게 결정했어. 그랬다고 해서 소비를 합리적으로 했다고 말할 수 있을까? 아니야, 아직 생각해볼 게 조금 더 있어. 맙소사, 돈 잘 쓰기가 이렇게 어려운 거면 안 쓰고 말겠다고? 그건 또 아니지. 거의 다 왔으니까 인내심을 갖고 조금만 참아봐.

예를 들어 생각해보자. 가지고 있던 필통이 낡아서 우선순위에 따라 새 필통을 사기로 했어. 이때 바로 사버리면 고민이 끝날까? 만약 필통이 한 종류라면 고민할 필요 없이 그걸 사면 되겠지. 하지만 문구점을 가봐. 인터넷으로 검색해보아도 좋고. 작은 필통, 큰 필통, 헝겊 필통, 플라스틱 필통······ 필통의 수만 해도 정신을 차리기 힘들 정도로 많잖아? 이 가운데 어떤 필통을 어디에서 사야 합리적일까?

우선 가지고 있는 용돈의 한도를 벗어나는 비싼 필통은 제외해야겠지. 비싼 필통을 제외하더라도 여전히 여러 개의 필통이 남아 있을 거야.

남은 후보들 가운데 어떤 필통을 살지를 선택하려면 자신에게 가장 적합한 필통이 무엇인지 판단해야 해. 즉 필통들을 **평가**하는 거지. 가격이 얼마인지, 얼마나 많은 연필을 담을 수 있는지, 무게가 무겁지 않은지, 색상이 마음에 드는지, 튼튼한지, 디자인이 마음에 드는지, 좋아하는 캐릭터가 그려져 있는지 등 자신이 중요하다고 생각하는 **기준**을 내세워 필통들을 하나씩 평가하는 거야. 그러고 나서 평가에서 제일 높은 점수를 얻은 필통을 사면 돼.

그런데 평가하는 일이 생각만큼 쉽지는 않아. 필통의 종류가 많을수록 그리고 기준이 많을수록 평가가 복잡해지거든. 이럴 땐 머릿속으로만 생각하지 말고, 표를 그려서 따져보는 게 좋아. 어때, 이제 합리적으로 소비할 수 있겠지?

복잡하고 힘들어 보인다고 이 과정을 포기하면 안 돼. 미래에 어른이 될 때를 상상해봐. 수천만 원이나 하는 자동차를 사야 하는데 제일 좋은 자동차를 선택하지 못하고 마음에 들지 않는 자동차를 산다면 얼마나 후회막심이겠어? 돈은 또 얼마나 아까워? 금방 산 자동차를 팔고 다시 다른 자동차를 살 수도 없잖아. 어른이 되면 자동차나 집을 사는 것처럼 돈이 엄청 드는 일들이 많아져. 이렇게 매우 중요한 소비를 앞에 두고 제대로 선택하려면 지금부터 평가하고 선택하는 연습을 자꾸 반복해야 해.

정보 구하기

소비할 물건을 꼼꼼하게 평가해서 선택하는 일이 중요하다고 했지? 평가를 제대로 하려면 거기에 딱 맞는 적합한 기준을 세우고 물건의 특징을 잘 비교할 줄 알아야 해. 가장 중요한 것은 관련 정보를 많이 수집하는 일이야. 정보는 다양한 경로를 통해 모을 수 있지.

우선, 주위 친구들로부터 정보를 얻어봐. 친구들이 하는 말, 물건을 이미 사용해본 친구들이 느낀 점, 물건을 살 수 있는 장소와 가격 등이 모두 평가에 필요한 정보들이거든. 궁금한 점이 있으면 주위 친구들에게 직접 물어봐. 이게 가장 빠르고 가까이서 정보를 얻는 방법이지.

이때 한 가지 조심할 게 있어. 친구들이 주는 정보는 주관적일 수 있다는 점이야. 주관적이란 건, 우리 성격이나 좋아하는 게 다른 만큼 어떤 물건에 대한 느낌이나 판단도 다르다

⑤ 소비하기 전에 다양한 정보를 먼저 구해보자.

는 거야. 그러니까 사용하면서 느끼는 점이나 품질에 대한 평가는 사람마다 다를 수 있다는 말이지. 똑같은 신상 과자를 먹어도 누구는 맛있다고 말하고, 누구는 예전 게 더 낫다고 말하잖아? 그러니까 가장 친한 친구가 한 말이라고 해서 그것만 철석같이 믿으면 안 돼.

다음으로 가장 만만한 게 인터넷 정보를 얻는 것이지. 집에서 간편하게 많은 정보를 얻는 방법이기도 해. 물건을 만든 회사가 직접 제공하는 정보부터 물건을 사용해본 수많은 소비자가 올린 정보까지 정보의 양과 범위가 엄청나지.

여기에서도 조심할 게 있어. 인터넷 정보에도 거짓이 있을 수 있거든. 예를 들어 어떤 정보는 물건을 만든 회사가 소비자인 척 거짓으로 올리기도 해. 돈을 주고 고용한 사람들에게 좋은 평을 남기게 시키는 경우도 있고. 이런 일은 불법 행위이지만 적발해내기가 쉽지 않아. 인터넷으로 얻은 정보를 맹목적으로 믿어서는 안 된다고 말하는 이유야.

이 외에 부모님으로부터 정보를 얻거나 텔레비전 광고 등을 통해서도 정보를 얻을 수 있지.

어느 경로를 통해 정보를 얻는 것이 제일 좋다고 한마디로 딱 잘라 말하기는 힘들어. 한 가지 경로에만 의존해서도 안 돼. 그러니 여러 가지 길을 통해 다양한 정보를 수집해서 꼼꼼하게 비교하면 좋겠지?

용돈을 받으면
가장 먼저 예산을 짜보자

여러분은 용돈을 받으면 어떻게 써? 어떤 친구는 한 달 용돈을 받자마자 바로 써버리고는 다음 달 용돈날까지 끙끙대더라고. 용돈이 없는데 갑자기 돈이 필요한 일이 생기면 큰일이잖아. 먹고 싶은 것도 못 먹고, 선물할 일이 생겨도 못 하고. 반대로 한 달 내내 용돈을 잘 관리해서 이런 곤란한 일을 겪지 않는 친구들도 많아.

어떡하면 내 용돈을 잘 관리할 수 있을까? 돈을 잘 쓰려면 우선 돈 사용에 대한 계획을 세워야 해. 시험공부를 할 때도 계획을 먼저 세우잖아, 그거랑 비슷해. 계획이 얼마나 중요한지 강조한 말을 먼저 볼까?

계획이 서 있지 않고 단순히 우발적으로 시간을 활용하게 된다면,
곧 무질서가 삶을 지배할 것이다.

프랑스의 유명한 소설가인 빅토르 위고가 한 말이야. 위고는 시간 계획에 대해서 말을 했지만, 시간을 돈으로 바꾼다 해도 전혀 달라질 게 없어. 돈 사용에 대한 계획 없이 마구잡이로 돈을 사용하면 생활을 안정적으로 유지할 수 없겠지? 해외여행을 가면서 계획을 세우지 않는 사람은 없을 거야. 날짜별로 어디에 가고 어디에서 자고 식당은 어디를 가고…… 등등 여행 계획은 늘 구체적으로 조목조목 세우잖아? 그러지 않으면 돈을 많이 써도 재미가 별로 없는 여행을 하고 고생만 실컷 하다가 돌아올 수 있어. 너무 아까운 일이지?

계획은 우리가 원하는 곳까지 안전하고 확실하게 다다를 수 있도록 안내해주는 설계도와 같아. 여행할 때도 계획을 세우는데 돈에 대한 계획을 세우지 않는다는 것은 말이 안 되지?

어쩌면, 얼마 되지 않는 용돈인데 굳이 계획을 세워야 해, 하고 생각하는 친구가 있을지 몰라. 아니야, 생각이 틀렸어. 얼마 되지 않는 용돈이라서 계획을 잘 세워야 하는 거야. 적은 돈을 어떻게 알뜰하게 쓸지 계획을 세우고 실천하는 연습을 해야, 이다음에 훨씬 많은 돈이 생기면 제대로 계획을 세울 수 있게 되거든.

비록 처음에는 계획을 제대로 지키지 못할 수도 있지만, 계속하다 보면 자신도 모르게 습관이 생기고 익숙해질 거야. 누가 뭐라 하지 않아도 돈이 생기면 자연스럽게 계획을 먼저 세우고 실천하게 될 테지. 아마 그때쯤 되면 계획을 세우지 않으면 오히려 불편해질걸?

용돈 사용 계획 세우기의 첫출발은 그리 거창하지 않아. 일단 하고 싶거나 사고 싶은 것을 모두 종이에 적어봐. 그리고 그것들을 당장 할 수 있는 것과 용돈을 오랫동안 모아야 할 수 있는 것으로 나눠보자. 당장 할 수 있는 것들은 다시 우선순위를 정해 정리하고. 용돈을 오랫동안 모아야 할 수 있는 것은 매달 얼마씩 얼마 동안 모아야 하는지도 꼼꼼하게 따져봐야 해.

이렇게 하면 이번 달 용돈을 어느 곳에 얼마씩 사용하고 얼마를 저축해야 할지에 대한 밑그림이 나와. 이게 바로 어른들이 이야기하는 **예산**을 짠 거야. 그러고는 돈을 사용할 때마다 '이 소비가 예산 짤 때 들어 있던 일인가' 하고 다시 한번 확인하는 습관을 들이면, 돈을 낭비하거나 충동적으로 돈 쓰는 일을 예방할 수 있어. 정말 멋지지?

예산을 만들다 보면, 지출이 소득보다 많은 경우가 생긴 적도 있을 거야. 이럴 때 문제를 해결하는 방법은 둘 중에 하나지. 첫 번째는 소득을 늘리는 건데, 사실 이 방법이 제일 좋아. 하지만 직업을 가지고 소득을 벌고 있지 않은 학생으로서는 불가능한 일이잖아?

그럼 어떻게 할까? 두 번째 방법으로 가야 해. 바로 지출을 줄이는 거야. 머릿속에 떠오르는 일들을 다 하려면 지출이 너무 많아질 수밖에 없어. 누구나 그래. 그래서 조금 덜 중요하거나 나중으로 미룰 수 있는 지출을 줄여나가는 방법을 택하

ⓢ 가족과 함께 용돈을 어떻게 쓸지 예산을 짜보자.

는 거야.

예산을 짤 때 조심해야 할 점이 있어. 소득을 과하게 잡지 않는 거야. 물론 용돈은 정해져 있으니 갑자기 늘어난다거나 그럴 일은 없겠지? 그런데 어떤 친구들은 생일이 껴 있다거나 명절이 있다거나 할 때 미리 짐작해서 소득을 평소보다 높이 잡기도 하더라고. 그랬다가 자기 생각대로 용돈이 들어오지 않으면 어떡해? 정해지지도 않은 소득을 기대하고 예산을 세우면 안 된다는 뜻이야.

처음부터 예산을 완벽하게 세울 수는 없어. 처음에는 다 서툴게 마련이야. 하지만 계속해서 다듬고 고쳐 나간다면 점점 훌륭하게 예산 세우기를 할 수 있을걸?

아 참, 괜찮은 팁이 하나 있어. 용돈을 받거나 사용할 때마다 **용돈 기입장**을 쓰는 거야. 조금 귀찮긴 한데, 용돈 기입장

ⓢ 용돈 기록장을 써보자.

을 사용하면 내 용돈이 어떤 곳에 얼마나 쓰이는지, 잘못한 부분은 뭐고 잘한 점은 뭔지 한눈에 파악해서 반성도 하고 개선할 수 있거든. 꼭 종이로 된 기록장일 필요는 없어. 스마트폰 어플이나 메모장을 이용해도 충분하지.

나의 **저금통을 열게 하는** 광고

여러분은 광고 보는 거 좋아해? 텔레비전을 볼 때나 유튜브를 볼 때도 빠지지 않고 나오는 게 바로 광고잖아. 오늘날 광고 없는 세상은 상상하기 힘들 정도야. 옥외 게시판에도, 정류장 벽에도 광고가 붙어 있지. 시리얼 상자 뒤에도 있고, 심지어 드라마 속에도 광고가 나올 정도야.

광고에는 분명히 좋은 점도 있어. 소비자에게 상품에 대한 정보를 전달해주니까. 만일 광고가 없다면 어떤 물건이 새로 나왔는지 우리가 일일이 다 알 수 없을 거야. 소비자는 물건의 장점이나 효과를 광고를 통해 확인할 수 있어.

하지만 광고를 무조건 믿어서는 안 돼. 새로 나온 이 상품을 소비자에게 멋지게 보이게 해서 더 많이 팔아야지, 뭐 이런 생각으로 만드는 게 광고거든. 그래서 광고에는 다소 과장된 내용이 담기기도 해. 상품의 장점, 효능, 판매 조건 등을 부풀려 얘기하는 경우도 종종 있고. 어쩌면 여러분 중에도 이런 **과장 광고**에 속아본 사람이 있을지도 몰라. 아 참, **허위 광고**도 있어. 이건 아예 거짓된 정보를 주는 거야.

요즘은 **뒷광고**도 성행하고 있어. 유튜브 콘텐츠를 만들면서 특정 회사로부터 대가를 받고 그 회사 상품이 좋다고 말하는 거야. 마치 아무 관계없는 소비자가 솔직하게 사용 경험을 얘기하는 것처럼 꾸며서 말이지. 광고가 아닌 것처럼 속이지만 실제는 광고인데, 동영상을 보는 소비자들은 그것도 모르고 진짜 소비 경험을 얘기하는 줄로 착각하는 거지.

어때? 정신을 똑바로 차리지 않으면 쉽게 넘어가겠지? 다들 '나는 광고의 함정에 빠지지 않는 현명한 소비자야'라고 생각하지만, 이게 말처럼 쉽게 되는 일은 아니야. 광고를 만드는 사람들의 기법이 날로 발전하고 있어서 눈깜짝할 사이 광고에 현혹되거든. 몇 가지 예를 들어볼게.

(1) 유명인을 출연시켜

회사들이 제일 흔하게 활용하는 방법이 광고에 유명인을 출연시키는 거야. 인기 있는 연예인이 사용하면서 좋다고 말하면 다들 당연히 좋은 상품일 거라고 믿게 돼. 특히 자신이 좋아하는 연예인이 말하면 더 쉽게 믿어버리고 해당 제품을 구매하게 되지. 매우 비싼 출연료를 주고 유명인을 출연시켜도 회사가 손해 보지 않는 이유가 여기에 있어.

ⓢ 광고는 어디에나 있어.

(2) 두려움을 자극해

두려움에 반응하지 않는 사람은 없어. 광고는 이런 사실을 아주 적극적으로 이용해. 소비자들이 '이 약을 먹지 않으면 치명적인 병에 걸릴 것 같아'라고 생각하게 만든다니까? 게다가 다들 가지고 있는데 당신은 아직도 최신 제품을 안 가지고 있냐, 라는 식의 광고를 본 소비자는 다른 사람보다 자신이 뒤처질지도 모른다는 두려움에 지갑을 열곤 하지.

(3) 반복해서 광고해

누구에게나 순간적으로 떠오르는 광고가 있을 거야. 자신도 모르게 흥얼거리는 광고 음악도 있을 테고. 이처럼 소비자

머릿속에 자연적으로 기억되도록 반복적으로 되풀이하는 광고도 많아. 이런 식으로 익숙해지면 '광고를 저렇게 많이 하는데 당연히 좋겠지'라는 생각이 들게 되는데, 광고주가 노리는 게 바로 그 타이밍이야. 물건을 사러 장에 가면 순간적으로 광고에서 본 제품이 떠오르고, 그 제품을 결국 장바구니에 담게 돼. 광고가 승리한 거지.

와, 내 머릿속에 떠오르는 게임이며 전화기며 만화책 같은 게 다 광고의 결과라니, 소름 돋는걸? 하지만 걱정하지 마. 철저하게 물건의 가격과 가치를 재는 능력을 길러두면 광고의 홍수에 휩쓸리지 않을 테니까!!

꼭 필요한 것만 사기

충동구매란 말을 들어봤을 거야. 특별히 필요하다고 생각하지 않았던 건데, 어느 날 광고를 보았다거나 마트에 갔다가 보았다거나 할 때 고민 없이 물건을 덥석 사는 걸 **충동구매**라고 해. 여러분은 이런 걸 '지름신이 강림하셨다'라고 말하지? 그런데 순간적인 욕망을 떨쳐버리지 못하고 감정에 휩싸여서 또는 흥분해서 계획에 없는 물건을 사면, 반드시 후회하게 돼. 지갑에는 쓸 수 있는 돈이 남아 있지 않게 되고.

충동구매를 하면 순간적으로는 기분이 좋아. 새 물건을 가지게 되었으니까. 그러나 이 기분은 오래가지 않더라고. 한두 번 쓰고 난 후 쳐다보지 않게 되는 경우도 많아. 집 안에 언제 샀는지도 모르는 물건들이 몇 개씩 있는 사람은 지금 반성할 타임!

어떤 물건이든, 사기 전에는 반드시 "이게 정말 내게 필요한가?"를 물어봐야 해. 여기에 자신 있게 그렇다고 답하기 곤란하다면, 사지 마! 그런 건 필요해서가 아니라, 단순히 '사고 싶어서' 사는 것이기 때문이야.

충동구매를 피할 수 있는 좋은 방법은 앞에서도 얘기했듯이 계획을 세우고 계획에 따라 소비하는 거야. 충동구매는 계획에 없는 물건을 살 때 발생하니까.

충동구매를 부추기는 전략 가운데 하나가 **할인 행사**, 즉 세일이야. 특히 그 앞에 '특별'이란 글자가 붙어 있으면, 소비 자제력이 한순간에 무너지지.

할인 행사라고 무조건 싸다고 생각하면 안 돼. 가게들은 할인 가격을 특별하게 보이게 하려고 원래 가격(정가)을 부풀리는 경향이 있어. 처음부터 1만 원에 팔면 될 것을 2만 원이라고 가격을 붙이고 나서 '50% 할인' '특가 세일' 같은 문구를 붙이면 소비자를 유혹하는 데 도움이 되니까.

이런 게 다 사람의 뇌가 완벽하지 못해서 발생하는 일이야. 여러분도 귀차니즘이란 말 잘 알지? 맞아, 사람들은 귀찮은 일을 싫어해. 문제를 단순하고 빠르게 해결하려는 게 사람의 본능이거든. 회사들은 이 사실을 이용하는 거야. 이제 2만 원의 정가에 빨간 줄을 긋고 그 밑에 1만 원이라고 써놓으면, 2만 원과 1만 원이라는 가격을 순간적으로 비교한 소비자의 뇌는 가격이 싸다고 판단하고 그 물건을 사도록 명령해. 거미가 쳐놓은 거미줄에 엮인 벌레처럼, 가게가 놓은 함정에 빠진 소비자가 되는 거지.

'1+1'이나 '2개 값으로 3개' 같은 판매 전략도 충동구매를 부추긴다고. 사람의 뇌는 '공짜'라는 말만 들어도 행복함과 비슷한 감정을 느낀대. '공짜'라는 표현은 사람의 합리적인 판단을 가로막고 충동적으로 지갑을 열게 만드는 데 효과적이거든.

지금 당장 먹지 않을 과자이지만, '1개 사면 1개가 공짜'이므로 언젠가는 먹겠지, 라면서 자기 최면을 걸어. 즐겁게 먹으면 다행이지만 대개는 간식 찬장에 방치되는 거 다들 경험해보았지? 결국 유효기간이 가까워지고 버릴 수는 없어서 억지로 먹어치운 경험이 누구에게나 있을 거야. 여러분은 그러지 마. '언젠가' '나중에' 먹을 과자를 지금 사지 말라는 뜻이야. 조금 싸다고 많이 사두고는 나중에 버리는 것보다, 먹고 싶을 때 딱 먹을 만큼만 사서 먹어. 그게 바로 합리적인 소비야!

돈을 쓰는 데도 좋은 습관이 필요해

이번엔 습관에 대해 이야기해볼게. 습관이란 참으로 무서운 거야. 우리가 하는 행동의 절반 정도가 습관에 따른 거래. 이 정도면 우리는 습관의 노예라고 해도 틀린 말이 아니겠지? 왜 우리는 습관의 노예가 되는 걸까?

인간의 뇌는 하루에도 수없이 많은 판단을 내린다고 해. 냉철하고 합리적으로 판단하려면 아주 많은 정보를 처리해야 하고, 이렇게 정보를 처리하려면 뇌가 끊임없이 일을 해야겠지? 그러려면 엄청난 에너지가 있어야 된대. 한마디로 뇌가 혹사를 당하는 거지. 인간의 뇌는 AI가 아닌데, 얼마나 힘들겠어?

그래서 뇌는 일상적으로 반복되는 일이나 가벼운 일에 대해서는 냉철한 판단을 내리는 대신에 습관에 의존하는 거야. 뇌의 입장에선 생존을 위한 본능이지. 평소에 하던 대로, 지금까지의 경험에 바탕을 두고 행동하면 좀 편하잖아? 이게 바로 **습관**이야.

그렇다면 중요한 것은 나쁜 습관을 버리고 좋은 습관을 기르는 일이겠지? 좋은 습관을 지니고 있다면, 뇌가 알아서 좋은 쪽으로 행동하도록 해주니까 이보다 더 좋을 수가 없을 거야. 마치 프로그래밍이 잘 된 자율주행차가 우리를 목적지까지 안전하고 편안하게 데려다주는 것과 같아.

돈을 잘 쓰고 돈을 아껴서 부자가 되는 데 도움이 되는 **좋은 습관** 세 가지를 말해볼게.

(1) 자투리 돈을 소중하게 생각해

100원짜리 동전이 땅에 떨어져 있을 때 주운 적 있어? 아니면 "겨우 100원이야" 하면서 그냥 지나가버렸어? 주머니에 있는 100원짜리 동전이 귀찮다고 아무 데나 내팽겨친 적이 있어? 적은 돈이라고 가볍게 여기는 태도가 습관으로 자리잡히면 평생 가난에서 벗어나기 어려워. 자투리 돈이라도 소중하게 여기고 "겨우 몇백 원일 뿐인데" 하는 대신에 "몇백 원이어디야" 하는 태도로 돈을 아끼고 소중하게 여겨야 하지.

자투리 시간도 마찬가지야. 하루를 지내다 보면 자투리 시간이 생길 때가 있어. 주로 이동시간이나 쉬는 시간 등인데, 예를 들어 학원에 가기 전까지 10분이 남았다면, 어떻게 해? 간단히 스마트폰 게임을 한 판 더 하거나 단톡방에 들어가 수다를 떨거나…… 아님, 책상에 엎드려 졸거나. 이럴 때 단 10분이라도 책을 몇 쪽 읽든지 수학 문제 몇 개를 풀어보면 어때? 아님, 스트레칭을 해봐. 하루로 따지면 얼마 되지 않는 시간이지만, 그걸 모아 한 달로 계산하면 책 한 권쯤 충분히 읽을 수 있는 시간이 된다니까? 자투리가 모이면 상상하기 힘들 정도로 커다란 차이가 되지.

(2) 요금을 곱해봐

요즘은 정말 구독의 시대인가 봐. 음악 스트리밍 서비스부터 영상까지 정말 많은 서비스가 넘쳐나지? 음악 스트리밍 서비스를 이용하는 사람을 생각해봐. 한 달 서비스 이용료가 3,000원이라는 것을 보고, 어떻게 생각하느냐에 따라 두 부류의 사람으로 갈린다는 거. 몰랐지? 첫 번째 부류는 '한 달에 3,000원이니까 하루에 100원'이라고 생각하는 사람이야. 이런 사람은 음악 스트리밍 서비스를 신청하고 돈을 쓰는 경향이 있어.

두 번째 부류는 '한 달에 3,000원이면 1년에 36,000원'이라고 생각하는 사람이야. 이런 사람은 요금 부담이 크다고 생각하고 서비스 이용을 망설이게 돼.

회사는 물건을 많이 팔려고 소비자에게 가격 부담이 적다는 인상을 주려고 시도해. 예를 들어 '하루 100원이면 음악을 마음대로 실컷!' 이런 식으로. 이런 광고를 보고 바로 소비 의사결정을 하지 말고, '하루 100원이면 1년에 36,500원'이라고 곱하기를 하는 습관을 들인다면 성급하게 지갑을 연 다음에 후회하는 일을 피할 수 있을 거야.

(3) 부자와 친해져봐

부자들을 부러워하면서도 정작 자신은 그런 부자가 될 수 없다고 지레 포기하는 사람이 있어. 그러면 안 돼. 누구에게나 기회는 올 수 있거든. 그 기회를 잘 살리는 사람은 부자가 될 수 있는 거야. 기회가 올 때 기회를 잡고 잘 활용하려면 지금부터 자신의 지식과 능력을 차근차근 키워나가면서 대비해야지.

부자에게는 남다른 면이 있어. 어떤 부자는 부지런하고 성실해서 이른 새벽부터 밤늦게까지 일을 해. 어떤 부자는 머리가 좋거나 계산이 빨라서 돈을 많이 벌어. 또 어떤 부자는 매우 정직하거나 친절해서 소비자의 마음을 사로잡지. 이처럼 부자들에게서 찾을 수 있는 장점을 배우고 따라 하는 습관을 기르다 보면 여러분도 어느새 남들이 부러워하는 부자가 되어 있을 거야.

흥미로운 점은 '나는 절대 부자가 될 수 없다'고 생각하는 사람들이 과시 소비를 하는 경향이 있다는 거야. 어차피 부자가 되지 못할 테니, 비싼 가방, 비싼 시계, 비싼 옷을 사서 부자 행세라도 해보려는 거 아닐까? 비싼 가방을 들고 다닌다고 부자가 되는 게 절대 아닌데 말이야. 태어날 때부터 부자로 정해진 사람은 없어. 자신의 노력에 따라 부자가 될 수도 가난해질 수도 있는 거야. 모든 건 내가 하기 나름이야.

기회비용과 합리적 선택

용돈 1,000원을 간식을 사 먹는 데 쓰기로 했다고 생각해볼 게요. 먹고 싶은 간식으로 과자, 아이스크림, 사탕이 떠올라요. 모두 다 먹고 싶지만, 가격이 1,000원씩 하므로 한 가지밖에 살 수 없어요.

왜 다 살 수 없을까요? 돈을 한 곳에 쓰면 다른 곳에는 쓸 수 없기 때문이지요. 주머니에 있는 1,000원으로 과자를 사고 나면 아이스크림이나 사탕을 살 돈이 없어져요. 과자를 사 먹으면 아이스크림이나 사탕을 포기해야 하니까요. 아이스크림을 사면 과자나 사탕을 포기해야 하고요.

그래서 1,000원으로 무엇을 사야 할지를 신중하게 따져야 해요. 선택을 잘 해야 한다는 말이지요. 써버린 1,000원은 다시 돌아오지 않으니까 후회 없도록 선택해야 해요. 무엇을 사는 것이 제일 좋을지를 고민할 때 항상 이 사실을 명심해보세요.

포기한 것의 가치(이것을 기회비용이라고 불러요)보다, 지금 사려는 것의 가치가 더 큰지를 판단해야 한다는 말이에요. 만약 그렇게 한다면 합리적으로 선택한 것이지요.

과자, 아이스크림, 사탕을 가지고 다시 이야기해볼게요. 세 가지 가운데 과자에서 제일 큰 만족을 얻음에도 불구하고, 다른 친구들을 따라서 아이스크림이나 사탕을 산다면 합리적 소비라고 할 수 없겠지요. 즉, 잘못된 선택을 한 거예요. 과자를 사는 것이 합리적이지요. 만약 아이스크림에서 제일 큰 만족을 얻는 친구라면 아이스크림을 사는 게 합리적이고요.

시간을 쓸 때도 마찬가지예요. 한 시간의 자유시간이 생겼을 때 무엇을 할 것인지 선택한다고 생각해봐요. 텔레비전, 게임, 축구, 만화책 등 하고 싶은 일이 무척 많지만 한 시간으로 이 모든 일을 다 할 수는 없고 한 가지만 해야 해요. 만약에 게임을 하기로 선택한다면, 그 한 시간은 사라질 것이고 텔레비전이나 만화책 보는 일을 포기해야 하는 거지요. 그러므로 포기하는 것의 가치, 즉 기회비용보다 더 큰 가치를 얻을 수 있는 일을 선택해서 한 시간을 보내는 것이 합리적이랍니다.

□ 2020 개정 금융교육 표준안(금융감독원) 관련 내용

- 일상생활에서 돈 관리가 중요함을 이해한다.

- 쉬운 용어와 경험 중심적인 사례를 통해 재무관리의 중요성을 이해할 수 있도록 학습활동을 구성한다. 돈을 관리하는 방식은 사람마다 다를 수 있지만, 재무관리를 한 경우와 그렇지 않은 경우에 시간이 지남에 따라 그 차이가 명확해진다는 점을 인식하도록 한다.

- 구매 의사결정에서 상품에 대한 정보를 파악하는 것이 중요함을 이해한다.

- 구매 의사결정은 상품 가격, 품질, 광고 등의 영향을 받는다는 것을 알고, 이와 관련된 다양한 정보들을 파악하는 것이 중요함을 알도록 한다. 의사결정에 도움이 되는 정보는 개인 경험에 근거할 수도 있고, 친구, 가족, 전단지, TV, 인터넷 등 다양한 환경으로부터 획득할 수 있다는 것을 안다.

□ 주요 내용1: 희소성과 합리적 선택 필요성

- 사람들이 원하는 욕구에는 끝이 없지만 이 욕구를 달성하기 위해 필요한 돈이나 자원은 한정되어 있는 희소성 문제가 발생함

- 사람들은 희소한 돈이나 자원을 잘 사용할 수 있도록 선택을 합리적으로 할 필요가 있음

- 이는 어린이에게 주어져 있는 희소한 쉬는 시간을 어떤 활동을 하는 데 써야 하는지를 결정하는 문제와 같음. 자신에게 가장 큰 만족을 가져다주는 일을 하는 데 희소한 시간을 사용해야 합리적임

□ 주요 내용2: 합리적 소비

- 용돈이 한정되어 있으므로 갖고 있는 용돈으로 하고 싶은 일을 모두 하거나 사고 싶은 것을 모두 살 수 없음

- 어떤 것에 우선적으로 용돈을 사용하고 또는 얼마를 저축할 것인지를 신중하게 생각해서 결정해야 함

- 어느 한 물건을 사는 데 돈을 사용하면, 그 돈으로는 더 이상 다른 물건을 살 수 없는 기회비용이 발생함. 그러므로 자신에게 가장 필요하고 큰 만족을 주는 물건을 사는 데 돈을 사용하는 것이 합리적임

- 소비를 합리적으로 하지 못할 경우 발생할 수 있는 어려움이나 곤란함을 이해한다면 함부로 돈을 사용하는 태도를 개선하는 데 도움이 됨

- 당장의 욕구 충족을 위해 용돈을 사용한 결과 부모님 생신 선물이나 친구 생일 선물을 사지 못하는 일이 발생하면 안 됨

□ 주요 내용3: 합리적 소비 방법
- 합리적 소비
자신이 쓸 수 있는 금액 안에서 하는 소비
반드시 필요한 것만 사는 소비
계획을 세우고 실천하는 소비
가격, 품질 등을 꼼꼼히 살펴보고 하는 소비
가격 대비 만족도가 제일 높은 것을 구입하는 소비
- 합리적 소비를 실천하기 위해서는
자신에게 들어올 소득이 얼마인지 정확하게 확인함
현재 보유하고 있는 돈이 얼마인지 정확하게 파악함
사고 싶은 물건이 무엇인지 정리함
그 가운데 꼭 필요한 물건과 그렇지 않은 물건을 구분함
품질, 필요성, 만족도, 가격 등을 종합적으로 고려해서 소비할 물건의 우선순위를 결정함
물건을 구입한 후 구입 의사결정이 잘 되었는지를 반성함
- 희소한 돈으로 살 물건의 우선순위를 결정할 때 자신의 선택에 대한 근거를 자신 있게 제시할 수 있어야 함. 다양한 상황에서 희소한 용돈으로 사려는 물건의 우선순위를 정하고, 그 우선순위의 근거를 제시함. 이때 사려는 물건 외에 저축도 포함해서 우선순위 후보로 설정함

- 기업이 생산한 재화나 서비스를 더 많이 팔아 이윤을 늘리기 위해서 소비자를 설득하는 수단이 광고임. 따라서 기업은 생산한 재화나 서비스의 좋은 점을 부각하고 나쁜 점은 숨기려고 한다는 점을 명심할 필요가 있음

- 광고에는 의사결정에 필요한 많은 정보가 포함되어 있지만, 여기에 있는 정보를 맹목적으로 믿어서는 안 됨. 광고를 통해 습득한 정보가 정확하고 진실인지 반드시 점검하는 태도가 필요함

- 과장 광고, 허위 광고에 속으면 합리적 선택을 하는 데 어려움을 겪음. 광고 내용을 부모님과 함께 확인하는 자세가 바람직함

☐ 2020 개정 금융교육 표준안(금융감독원) 관련 내용

- 계획을 세워 돈을 사용해야 하는 이유를 알고, 계획을 세울 수 있다. 한정된 돈으로 개인의 만족을 극대화하기 위해 계획을 세워야 한다는 것을 이해하고, 구체적인 지출 계획을 세워 보는 데 주안점을 둔다.

- 체계적인 지출 계획을 통해 과다한 지출 방지, 지출 내역 확인 등이 가능하다는 것을 파악하도록 한다.

- 용돈 관리의 중요성을 알고 용돈기입장을 작성할 수 있다.
한정된 용돈을 계획적으로 사용하기 위한 용돈 관리가 중요하다는 것을 알고, 이를 바탕으로 실제 학생들의 경험을 중심으로 용돈 관리 기록을 작성하는 데 주안점을 둔다.

- 이를 통해 지출 내역을 확인하고 반성하는 과정에서 계획적인 돈 사용의 중요성을 깨달을 수 있다.

□ 주요 내용1: 용돈 관리의 중요성

- 용돈은 어른이 어린이에게 아무런 대가 없이 주는 돈임. 우리나라에서 어린이들이 용돈을 받게 되는 예(정기적 용돈, 명절, 생일 등)를 확인하고 이것이 소득의 원천임을 인식함

- 유명한 사람들의 어릴 적 습관을 통해 어려서부터 용돈을 관리하는 습관이 매우 중요함을 확인함. 유명인의 용돈 관리 사례로부터 배울 점을 학습함

- 용돈을 제대로 관리하지 못해 발생할 수 있는 문제점을 이해함. 무분별한 용돈 사용으로 어려움을 겪는 사례를 통해 용돈 관리의 중요성을 인지하는 태도를 지님

□ 주요 내용2: 수입과 지출 계획

- 용돈 수령 등 수입에 해당하는 항목이 무엇이며 일정 기간 동안 예상할 수 있는 수입이 얼마인지 확인함. 이를 바탕으로 사건과 금액을 예상해서 계획을 세움

- 일정 기간 동안의 주요 소비와 저축 등 지출 항목을 확인함. 이를 바탕으로 소비와 저축 계획을 세움. 생일이나 행사 등 특별히 지출해야 할 중요한 일들이 있는지를 반드시 파악함

- 지출 예상액이 수입 예상액을 초과할 경우 지출 계획을 수정함. 소비 항목 가운데 우선순위를 정해서 돈을 사용함

- 저축 계획을 소비 계획보다 앞세우는 태도를 지님. 저축 목표액을 수립하고 저축 목표를 달성하기 위한 구체적인 계획을 수립 및 실천함

- 예산을 수립하고 일정 기간 후 제대로 지켰는지를 확인하기 위해 결산을 한 후 자신의 실천을 반성함

□ 주요 내용3: 용돈기입장 기록
- 용돈을 언제, 얼마를 받았으며, 언제 어디에 얼마를 썼는지를 기록하는 장부가 용돈기입장임
- 용돈기입장을 기록하면 수입과 지출을 한눈에 파악할 수 있으며 남아 있는 돈(또는 모자라는 돈)을 확인하는 데 도움이 됨
- 계획적인 소비 생활을 했는지, 계획에 없는 지출을 했는지 등을 반성하는 데에도 도움이 됨. 이러한 계획을 통해 낭비를 줄이고 불필요한 소비를 줄일 수 있음
- 용돈기입장을 기록하는 방법을 배우고 꾸준히 기록함
- 용돈기입장을 확인하고 일정 기간 동안의 지출 습관을 평가하고 필요하면 반성해서 지출 습관을 개선함. 자신의 주요 지출 항목을 분류하고 이를 표나 그림으로 작성해 비교함으로써 많이 지출하는 항목이나 줄일 필요가 있는 항목 여부를 확인함

□ 생각해보기: 목돈을 어떻게 모을 수 있을까요?
- 장난감, 게임 등 사고 싶지만 고가인 물건이 있는데, 이런 물건은 한두 달의 돈을 모은다고 해서 구입할 수 있는 것이 아님. 보다 장기적인 시점에서 수입과 지출 계획을 수립하고 돈

을 모아야 목돈을 마련할 수 있음

　- 목돈 마련을 위한 계획을 세우고 실천할 필요가 있음. 먼저 싶은 물건과 가격을 확인함 ⇨ 한 달의 수입을 확인함 ⇨ 한 달의 소비를 확인함 ⇨ 한 달에 할 수 있는 저축액이 얼마인지 계산함 ⇨ 원하는 물건을 구입하는 데 필요한 목돈을 마련하는 데 얼마의 기간이 필요한지 계산함. 만약 그 기간이 너무 길다면, 수입을 늘리거나 소비를 줄일 수 있는 방법을 모색함

□ 2020 개정 금융교육 표준안 (금융감독원) 관련 내용

- 일상생활에서 돈 관리가 중요함을 이해한다.

쉬운 용어와 경험 중심적인 사례를 통해 재무관리의 중요성을 이해할 수 있도록 학습활동을 구성한다. 돈을 관리하는 방식은 사람마다 다를 수 있지만, 재무관리를 한 경우와 그렇지 않은 경우에 시간이 지남에 따라 그 차이가 명확해진다는 점을 인식하도록 한다.

- 구매 의사결정에서 상품에 대한 정보를 파악하는 것이 중요함을 이해한다.

- 구매 의사결정은 상품 가격, 품질, 광고 등의 영향을 받는다는 것을 알고, 이와 관련된 다양한 정보들을 파악하는 것이 중요함을 알도록 한다. 의사결정에 도움이 되는 정보는 개인 경험에 근거할 수도 있고, 친구, 가족, 전단지, TV, 인터넷 등 다양한 환경으로부터 획득할 수 있다는 것을 안다.

□ 주요 내용1: 합리적 소비를 위한 의사결정 모형의 이해

- 자신이 소비했던 경험 몇 가지를 가지고 만족스러운 소비였는지 아니면 만족스럽지 못한 소비였는지를 반성함

- 만족스럽지 못한 소비가 있다면, 그 요인이 무엇인지를 확인하고, 이를 통해 자신의 소비 습관에 대한 반성 필요성을 확인하고 합리적 소비 또는 합리적 의사결정의 필요성을 확인함

- 합리적 소비를 위한 의사결정에 도움이 되는 모형을 이해하고 이를 다양한 상황에 적용함으로써 최선의 선택을 함

- 이 모형은 영어로 PACED 모형으로 불리며, 의사결정 과정을 다음의 5단계로 구분한 것임

Problem: 문제가 무엇인지 확인함

Alternatives: 문제 해결을 위해 선택할 수 있는 선택 후보들을 나열함

Criteria: 각 선택 후보를 평가하기 위한 평가 기준을 마련함

Evaluation: 평가 기준에 따라 각 선택 후보를 공정하게 평가함

Decision: 평가 결과에 따라 가장 높은 점수를 얻은 후보를 최종적으로 선택함

□ 주요 내용2: 의사결정 모형의 활용

- 다양한 상황에 대해서 PACED 모형을 활용해 자신에게 최적인 소비 의사결정을 하는 훈련을 함

- 상황에 따라 다양한 평가 기준이 필요하므로, 학생 혼자 힘

으로 평가 기준을 찾아내고 이를 적용해본 후, 다른 학생들과 비교함

　- 자신의 선택을 다른 학생의 선택과 비교하고 자신의 선택 근거를 자신 있게 발표함

　- 사람마다 필요성이나 선호가 다르므로 같은 상황에서도 서로 다른 선택이 나올 수 있음을 인지함

　□ 주요 내용3: 정보 수집과 평가

　- 합리적 소비를 위해서는 상품에 대한 다양하고 정확한 정보를 수집하고 분석하는 일이 필수적임

　- 신뢰할 수 있는 정보를 수집할 수 있는 출처들을 확인함

　- 각 출처를 통해 자신에게 필요한 정보를 수집함

　- 수집한 정보의 진위와 정확성 등을 비교 분석함

　- 과장 광고나 허위 광고 사례를 찾아 과장되거나 잘못된 정보가 무엇인지를 파악하고 이를 수정함

　- 다양한 매체의 광고를 이용해서 정확한 정보를 수집함

　□ 생각해보기: 소비자가 입은 피해를 보상받을 수 있나요?

　- 소비 의사결정을 신중하게 해야 하지만, 가끔 자신의 실수로 또는 기업의 잘못으로 구입한 물건에 문제가 있거나 구입한 물건으로 피해를 보는 경우가 있는데, 이러한 경우를 대비해서 정부는 소비자 권리를 마련해 놓고 있으며, 소비자가 피해를 적절하게 보상받을 수 있도록 제도를 마련해놓고 있음

- 피해를 입었을 경우 이를 보상받을 수 있도록 도움을 청할 수 있는 방법과 기관을 확인함

- 소비자의 8대 권리(안전할 권리, 정보를 제공받을 권리, 선택할 권리, 의견을 반영시킬 권리, 피해를 보상받을 권리, 교육을 받을 권리, 단체를 조직하고 활동할 권리, 안전하고 쾌적한 환경에서 소비할 권리)를 이해함

- 구체적인 사례를 통해 소비자의 8대 권리 가운데 어떤 것에 해당되며, 권리의 침해를 받았을 경우 이에 대처할 수 있는 방법을 모색함

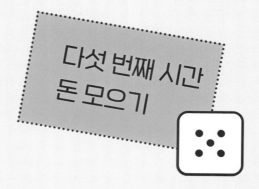

다섯 번째 시간
돈 모으기

돈, 어떻게 쌓지?

지금 쓸까, 아니면 나중에 쓸까?

지금까지 돈을 어떻게 벌고 어떻게 써야 잘 쓰는 것인지를 생각해봤어. 이제부터는 돈 모으는 이야기를 해보자.

돈을 쓰는 법에 대한 이야기 다음에 모으는 법을 이야기한다고 해서 쓰는 일이 더 중요하다는 뜻은 아니야. 쓰는 일이나 모으는 일은 어느 것이 더 중요하다고 말할 수 없을 만큼 똑같이 중요한 거야.

여러분은 '돈을 모은다'고 하면 무슨 생각이 가장 먼저 떠올라? 대개 저금통이나 통장을 떠올리지? '저축'이라는 단어도 생각날 거고. 저축이 뭘까? 저축이란 단어에 쓰인 글자 '저(貯)'와 '축(蓄)'에는 둘 다 '쌓다, 모으다'라는 뜻이 있어. 그런데, 다들 '모은다'고 하면 뭔가 허리띠를 졸라매거나 쓰고 싶은 걸 하나도 안 쓰거나 하는 극단적인 상황을 떠올리는데, 실은 그렇지 않아. 소득 가운데 소비하고 남은 부분이 바로 **저축**이거든. 음, 이렇게도 얘기할 수 있겠네, 소득 가운데 저

⑤ 소득 가운데 소비를 뺀 부분이 저축이야.

축하고 남은 부분이 소비라고 말이야. 이건 닭이 먼저냐 달걀이 먼저냐 같은 이야기지.

저축을 늘리면 좋겠다는 생각에는 모두 동의하지? 문제는 어떻게 하면 저축을 늘릴 수 있을까 하는 건데, 저축을 늘리는 방법에 두 가지가 있어.

첫 번째 방법은 소득을 늘리는 거야. 매달 소득의 절반을 소비하고 절반을 저축하는 사람이 있다고 생각해봐. 소득이 100만 원이면 50만 원을 저축할 수 있어. 이제 소득이 100만 원에서 120만 원으로 늘어나면 60만 원을 저축할 수 있어. 매달 저축을 10만 원씩 더 할 수 있게 된 거지.

소득을 늘리는 방법에 대해서는 앞에서 함께 확인한 적이 있는데, 다들 기억하고 있지?

저축을 늘릴 수 있는 두 번째 방법은 소비를 줄이고 저축을 늘리는 거야. 예를 들어 처음엔 소득 가운데 50퍼센트를 저축하다가, 나중에 60퍼센트를 저축하기로 바꾸는 거야. 다시 말

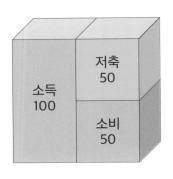

해서 소득의 10분의 6을 저축하기로 하면 매달 60만 원씩 저축할 수 있어.

짧은 시간 안에 소득을 자기 마음대로 늘릴 수 있는 사람은 거의 없어. 소득이란 것은 내가 막 늘리고 싶다고 해서 확 늘어나고 그런 게 아니잖아. 하지만 소비는 줄일 수 있지. 마음먹기가 어렵긴 하지만 스스로 허리띠를 졸라매면 실천할 수 있어. 소비와 저축을 동시에 늘리는 일은 불가능하니까, 저축을 늘리려면 소비를 줄여야겠지?

어느 것을 늘리고 대신 어느 것을 줄일지는 각자의 선택이야. 여러분이 어렸을 때 읽은 〈개미와 베짱이〉 우화를 떠올려봐. 베짱이는 소비를 늘리고 저축을 하지 않았어. 개미는 소비를 줄이고 저축을 늘렸고. 겨울이 왔을 때 누구의 선택이 옳았는지는 모두 다 기억하지? 각자 지금 자신이 개미와 같은 선택을 하고 있는지 아니면 베짱이와 같은 선택을 하고 있는지 생각해보면 좋겠어.

ⓢ 소비를 줄여서 저축을 늘리는 방법도 있어.

소비는 지금 돈을 써서 지금 당장의 욕구를 충족시켜줘. 대신에 미래에 쓸 수 있는 돈이 줄어들지. 그러다 보면 미래의 어느 날 뭔가 꼭 하고 싶은 걸 못 하게 될지도 몰라. 지금 당장이냐, 먼 미래냐…… 참 어려운 선택이긴 해.

쉽게 말해 저축은 지금의 욕구를 억누르고 돈을 아끼는 거야. 그러면 미래에 쓸 수 있는 돈이 늘어나서 미래의 욕구를 충족시키는 데 도움이 돼. 저축은 남을 위해 하는 게 절대 아니야. **미래의 나**를 위해서 하는 거지. 지금의 욕구를 참고 저축을 하면, 미래의 내가 현재의 나에게 분명히 엄청 고마워할걸?

미국에서 마시멜로를 가지고 실험을 한 적이 있어. 어린이들에게 마시멜로 한 개를 나누어주며 15분 동안 먹지 않고 참으면 한 개를 더 준다고 했지. 만약 15분을 기다리지 못하고 마시멜로를 먹으면 추가로 한 개를 받지 못하고.

실험을 해보니, 15분을 기다리지 못하고 바로 먹는 어린이도 있었고 참았다가 한 개를 더 받는 어린이도 있었어. 여러분이라면 어떤 쪽을 선택할 것 같아? 참지 못하고 마시멜로를 바로 먹을 거 같아, 아니면 15분을 참았다가 한 개 더 받아서 신나게 먹을 거 같아? 소비와 저축도 이런 관계야. 바로 먹기 위해 소비를 늘릴 것이냐, 아니면 미래에 더 즐겁게 먹기 위해 저축을 늘릴 것이냐?

왜 꼭 저축해야 하는지 알려줘

저축하는 구체적인 목적과 까닭은 사람마다 다를 거야. 그러나 미래에 보다 편안하고 안정적으로 살고 싶은 사람이라면 누구나 저축이 필요하고 중요하다는 사실을 알고 있을 거야. 회사에 다니는 부모님께서 매달 일정한 월급을 받고 있다고 해서 '우리는 소득이 안정적이니 저축 같은 건 걱정하지 않아도 돼'라고 생각하면 안 돼.

살다 보면 돈을 쓸 곳이 항상 규칙적으로 발생하는 것이 아니라는 걸 알게 되지. 어떤 때엔 돈을 쓸 일이 한꺼번에 몰아닥치기도 해. 평소에는 별일 없이 잘 지내다가도 갑자기 텔레비전이나 냉장고 같은 고가 제품이 고장 나는 경우도 있고, 그보다 더 비싼 자동차도 오래 타다 보면 고장이 나면서 말썽을 피우기도 해. 저축해놓은 돈이 없다면 이런 비싼 상품을 새로 장만하기 어려워. 빚을 져야 살 수 있겠지.

이게 다가 아니야. 갑작스럽게 **사고**가 발생하기도 해. 갑자

$ 크고 작은 사고들. 언제 어디서든 사고가 날 수 있으니 미리 대비해야 해.

기 아파서 수술해야 할 경우가 생길 수도 있잖아? 수술하면 충분히 병을 고칠 수 있는데, 돈이 없어 수술을 못 하게 된다면 어떻게 될까?

이처럼 많은 돈이 한꺼번에 필요한 사고들이 언제 발생할지 모르니까 미리 대비할 겸 저축하는 거야. 저축을 해놓으면 위급한 경우에 돈이 부족해서 겪는 고통만큼은 막을 수 있잖아?

또 다른 이유도 있어. 사람은 누구나 직장을 영원히 다닐 수 없어. 나이가 많아지면 일을 할 수 없게 돼. 그런데 나이가 많다고 해서 소비를 안 하고 살 수 있을까? 아니지, 나이가 많아지면 병에 더 자주 걸릴 테니 의료비만 해도 젊을 때보다 더 나갈 거야.

그래서 누구든지 **노후**를 대비해서 미리미리 저축해놓아야 해. 젊었을 때 저축해서 모은 돈으로 은퇴 후의 생활을 유지해야 하는 거지.

자신의 회사나 가게를 경영하는 사람들은 사업소득 자체가 불안정할 수 있어. 사업이 잘 되는 시기에는 소득을 많이 벌다가도 경제가 나빠지거나 코로나 팬데믹 같은 일이 발생하면 장사가 잘 안 되어 소득이 크게 줄어들기도 해. 그렇다고 갑자기 소비를 크게 줄이지는 못해. 어제까지 다니던 태권도학원을 바로 끊기도 힘들 거고. 이런 예상하지 못한 충격을 견딜 수 있게 도와주는 것도 바로 저축이야.

저축은 어른에게나 필요한 일이며 이다음에 회사에 다니면서 월급을 받게 되면 그때부터 저축하겠다고 생각해서는 안 돼. 어려서 용돈을 가지고 저축해보지 않은 사람은 어른이 되더라도 저축하지 않는데. **저축 습관**이 형성되지 않았기 때문이지.

맞아, 저축은 습관이야. 100원을 저축해보지 않은 사람은 수백만 원을 벌고 있어도 저축하지 않아. 이제 용돈 가운데 일부를 저축해야 하는 까닭을 알 수 있지?

슬기로운 저축 생활

어때? 이제 저축할 마음이 생겼지? 이미 저축하고 있다면 다행이고. 그런데 여러분은 어디에 저축하고 있어?

책상 서랍이나 책갈피에 차곡차곡 모으는 사람이 있을 거야. 내가 모으는 돈이니 동생이나 다른 가족이 알지 못하게 나만의 은밀한 장소에 고이 숨겨놓는 거지.

저금통을 활용하는 사람도 있을 거야. 돼지 저금통 속에 얼마를 모았는지 정확히 알 수 없지만, 하루하루 무거워지는 저금통을 들어보며 뿌듯해할 거야.

부모님께 맡기는 사람도 있겠지? 그동안 부모님께 맡긴 돈이 얼마인지 정확하게 계산하고 있는지 궁금하네. 그 돈이 지금 어디에 있는지 자세히 모르는 친구도 있겠지?

돈을 모으는 곳이 어디든, 모으지 않는 것보다는 분명히 현명한 선택이야. 하지만 더 현명해지려면 제일 좋은 곳에 돈을 모아야 해. 제일 좋은 곳이 어디냐고? 바로 **은행**이야. 저축하려는 사람들을 위해 세워진 곳이 은행이거든.

그런데 왜 굳이 은행일까? 은행에 저축하려면 밖에 나가야 하고, 통장도 만들어야 하고…… 좀 귀찮은데 말이야. 그럼 우리, 은행에 저축하는 것이 좋다고 말하는 이유를 좀 알아볼까?

(1) 돈을 안전하게 보관해

은행은 손님이 저축한 돈을 안전하게 지켜줘. 은행에 있는 강철 금고를 직접 본 적이 없겠지만, 영화나 드라마에서 본 적은 있을 거야. 은행에는 매우 크고 튼튼한 금고가 있어. 그럴 리가 없지만, 설령 은행에 강도가 든다고 하더라도 은행은 책임지고 손님이 저축한 돈을 확실하게 돌려줘. 이보다 안전한 곳이 어디 있겠어?

은행이 돈을 안전하게 지켜준다고 말할 때는 사실 도난 방지보다 더 중요한 뜻이 담겨 있어. 서랍 속이나 돼지 저금통에 있는 돈은 자신이 언제든지 쉽게 꺼내 쓸 수 있잖아? 광고에서 본 장난감이나 친구가 가지고 있는 게임 아이템을 보면 사고 싶어지고 자꾸만 책상 위에 있는 돼지 저금통에 눈이 가잖아. 결국 더는 버티지 못하고 저금통을 여는 경험, 다들 해봤지?

그래서 저금통 속의 돈은 안전하지 않다고 말하는 거야. 은행에 저축해놓은 돈은 이런 충동적인 유혹에 쉽게 넘어가지 않으므로 안전하지.

(2) 덤으로 이자를 받아

은행이 **이자**를 준다는 점도 은행에 저축하는 것이 좋다고 말하는 또 다른 이유야. 이자에 대해서는 조금 이따가 자세하게 설명할게. 하여간 은행에 1만 원을 저축하면 나중에 1만 원은 당연하고, 여기에 약간의 이자를 더 돌려받을 수 있어. 은행이 내 돈을 안전하게 보관해주는 것도 고마운데 여기에 웃돈까지 얹어주다니 이보다 고마울 데가 없잖아?

(3) 정확하게 기록해줘

이 뿐이 아니야. 은행은 이번에 얼마를 저축했고 지금까지 저축한 돈이 모두 얼마라는 것을 정확하게 기록해줘. 이 기록은 절대 틀리지 않아. 은행은 아주 오래된 기록까지 철저하게 보관하거든. 책상 위에서 빙긋이 웃고 있는 돼지 저금통은 지금 뱃속에 얼마의 돈이 들어 있는지, 얼마의 돈을 언제 넣었는지까지 얘기해주지는 않잖아? 잔인하게 배를 갈라야만 알수 있지!

(4) 나라 경제에 도움이 돼

마지막으로 좋은 점을 하나만 더 말해볼까? 손님들이 저축한 돈은 금고 속에 가만히 머물러 있지 않아. 한 사람 한 사람이 저축한 금액은 비록 적을지 몰라도 수많은 손님의 돈이 모이면 커지잖아? 이 돈의 일부는 사업을 하는 데 필요한 회사로 흘러가. 회사가 은행에서 돈을 빌리는 거지. 회사는 빌린 돈으로 공장을 짓고 기계를 설치해서 물건을 생산하고 외국에 **수출**도 해.

그러면 **일자리**도 늘어나겠지? 수출로 외화를 벌 수도 있고. 내가 한 저축 덕분에 회사가 생산 활동을 할 수 있고 나라 경제에도 도움이 된다고 생각해봐, 정말 뿌듯하지?

만약에 사람들이 저축을 적게 해서 은행 금고에 돈이 많지 않다면 돈을 빌리지 못하는 회사가 생겨나고 사업도 하지 못하게 되겠지. 서랍 속에 또는 돼지 저금통에 아무리 많은 돈이 저축되어 있어도 소용없어. 회사가 아파트 단지 내 모든 집을 두드리며 사업에 필요한 돈을 빌릴 수는 없으니까. '구슬이 서 말이라도 꿰어야 보배'라는 속담이 딱 이런 상황을 말해줘.

은행 파산

　은행에 돈을 저축하면 안전하다고 했어요. 그런데 은행을 어떻게 믿을 수 있냐고 걱정하는 친구가 있어요. 은행이 돈을 떼어먹으면 어떻게 하냐는 거지요. 은행이 고의적으로 손님이 저축한 돈을 떼어먹는 일은 절대 없으니 걱정하지 않아도 돼요.

　다만 은행이 영업을 제대로 하지 못해서 망하는 경우가 아주 드물게 있기는 해요. 지금까지 은행이 망했다는 소식을 들어본 적이 있나요? 아마 없을 거예요. 그만큼 드문 일이에요.

　하지만 만에 하나 은행도 망할 수 있어요. 모든 것이 사람이 하는 일이니까요. 은행이 망해 **파산**하면 손님들이 저축한 돈도 사라지겠지요. 그러면 저축한 돈을 돌려받지 못할 테고요.

　그래도 걱정할 필요 없어요. 이런 사태에 대비하라고 정부가 있는 거니까요. 정부는 손님이 은행에 저축한 돈을 안전하게 지급해주는 법을 만들어놓았어요. 이것을 **예금보험**제도라고 불러요. **예금**은 저축을 다르게 부르는 말이에요.

　은행이 파산해서 손님이 예금한 돈을 돌려주지 못하는 상황이 되면, 정부가 대신 그 돈을 돌려주는 거지요. 그러니 은행에 맡긴 돈을 돌려받지 못하는 일은 절대 일어나지 않는다고 보면 돼요.

여기에서 한 가지 명심할 것이 있어요. 손님 1명당 5,000만 원까지만 보장해준다는 점이에요. 예를 들어 7,000만 원을 저축해놓은 은행이 파산하면 5,000만 원을 돌려받고 나머지 2,000만 원은 어쩔 수 없이 손해를 봐야 해요.

그렇다면 이처럼 돈이 많은 사람은 어떻게 해야 할까요? 염려할 필요 없어요. 한 은행에 저축한 돈이 5,000만 원이 넘지 않도록 두 은행에 돈을 나누어서 저축하면 돼요.

은행의 조상이 긴 나무의자래

은행은 참 신기한 곳이야. 손님이 맡긴 돈을 안전하게 보관해 주면서, 손님에게 이자라는 돈까지 얹어주잖아. 그렇게 하다가 망하면 어떡하려고……. 아님 은행이 마법을 부리는 걸까? 정말 궁금하지? 은행은 어떻게 이런 놀라운 일을 할 수 있는지 알아보자.

　여러분은 '은행' 하면 어떤 모습이 그려져? 대개 높은 건물 한 층을 통째로 쓰는 넓은 공간에, 전광판이 달린 창구, 의자에 앉아 차례를 기다리는 손님들, 고객과 예금을 보호하는 경비원 등등 이런 모습이 떠오르지? 지금과 같은 겉모습을 지닌 은행의 역사는 그리 길지 않아. 하지만 현재 은행이 하는 일과 비슷한 일을 한 곳은 아주 오래전부터 있었어. 비록 은행이라는 이름으로 불린 것은 아니지만 말이야.

　지금으로부터 5,000년 전쯤의 일이야. 사람들은 귀중한 물건들을 애지중지 재산으로 가지고 있었어. 그런데 재산이 점점 많아지자 보관하기도 점점 힘들어졌지. 지금처럼 경호원이 있어서 지켜주는 것도 아니고, 약탈자가 생기면 부족 간 싸움으로 번지기도 하고, 재산을 지킨답시고 집에만 붙어 있을 수도 없으니 참 걱정이 많았지.

이들이 찾은 곳이 **신전**이야. 신전은 지역에서 가장 튼튼한 건물로 지어졌으니 재산을 맡기기에 적당한 장소라고 생각한 거지. 이유가 또 있어. 신전은 성스러운 곳이잖아? 도둑들조차 신성한 신전에서 물건을 훔칠 생각은 하지 않았거든. 신전에 있는 물건은 신의 물건과 다를 바 없으므로 이런 것들을 훔치면 신의 저주를 받아 불행을 자초한다고 믿었지. 그러니 신전만큼 안전한 곳이 없었을 거야.

사람들은 재산이나 귀중한 물건을 신전에 맡기기 시작했어. 대신에 신전은 귀중품을 보관해주는 대가로 보관 수수료를 받았지. 보관 업무를 한 것은 지금의 은행과 같지만, 수수료를 받았다는 점은 지금의 은행과 다르지?

메소포타미아 지역에 있던 신전은 농사철이 되면 사람들에게 씨앗이나 농기구를 빌려주었어. 가난해서 씨앗을 살 돈이 없거나 농기구를 마련할 능력이 없는 사람들이 신전에서 씨앗이나 농기구를 빌려 농사를 지은 후 수확한 농작물로 빚을 갚은 거야. 우와, 세계 최초로 **대출** 업무가 시작된 거네?

그런데 재미있는 점이 있어. 신전이 오로지 어려운 사람을 도우려는 선한 마음에서 대출을 해준 것은 아니라는 점이야. 농부들에게 빌려준 것보다 더 많은 것을 돌려받았거든. 맞아,

대출 이자를 받은 거야.

이제 시간이 흐르면서 신전이 하던 은행 업무를 독립적으로 하는 사람들이 생겨나기 시작해. 이른바 **은행가**들의 탄생이지. 은행가들은 여러 나라가 발행한 주화를 감정하고 환전해주면서 그 대가로 수수료를 받았어. 돈이 필요한 상인에게는 돈을 빌려주었고, 또 먼 지역으로 길을 떠나는 상인들은 자신의 금품을 이들에게 맡겼어. 금품을 지닌 채 먼 길을 돌아다니는 것은 불편하기도 했지만, 매우 위험한 일이었거든. 그때는 노상강도가 많았나 봐.

이들 은행가는 당시에 광장이나 시장에서 업무를 보았대. 사람이 많이 모이는 곳이니까 은행 업무를 보기에 딱 좋았지 뭐야. 이런 관행은 후에 중세까지 이어졌어.

중세에는 이탈리아가 유럽의 중심지였어. 이탈리아 도시에서 영업하던 은행들은 길거리에 긴 나무의자(영어로 bench)나 책상을 놓고 은행 업무를 처리했다고 해. 긴 나무의자는 이탈리아어로 반코(banco)야. 오늘날 이탈리아어로 은행을 반카(banca)라고 하는 데엔 이런 역사가 숨어 있다니까. 재미있지? 은행이라는 영어 단어 뱅크(bank)도 여기에서 나온 거래.

무역과 상업이 활발해지면서 환전 수수료, 대출 이자, 귀중품 보관료 등으로 돈을 많이 번 은행가들이 생겨나. 이들은 광장에 놓은 긴 나무의자와 책상을 치우고 번듯한 건물 안에 사무실을 차려놓고 은행 영업을 하기 시작했어. 비로소 오늘과 같은 모습의 은행이 생겨난 거야.

　우리나라에서 부르고 있는 은행(銀行)이란 말은 중국에서 만들어졌어. 그런데 왜 금행(金行)이 아니라 은행이라고 했을까? 이 말이 만들어질 무렵 중국에서는 은(銀)이 돈으로 쓰였어. 세금도 은으로 냈대. 이렇게 은을 거래하던 상인들이 돈을 빌리고 빌려주는 사업을 하면서 은행이라고 불리게 된 것이지. 당시 사용하던 돈이 금이었다면, 아마 지금 우리는 은행이 아니라 금행이라는 말을 쓰고 있을지도 몰라.

은행은 어떤 일을 할까?

고대 신전부터 지금의 은행까지, 겉으로 보이는 모습은 크게 달라졌지만, 은행의 기본 기능은 옛날이나 지금이나 크게 다르지 않아. 은행이 하는 중요한 일을 몇 가지만 말해볼게.

(1) 돈을 맡아서 보관해

은행이 하는 가장 기본적인 기능은 귀중품이나 돈을 안전하게 보관하는 금고의 역할이야. 신전 또는 은행은 옛날이나 지금이나 가장 안전한 곳이라는 믿음을 주잖아. 그러니 이보다 돈을 맡기기 좋은 곳이 어디 있겠어? 은행에 돈을 맡기는 행위를 **예금** 또는 **입금**이라고 해. 돈이 필요하면 맡겨 놓은 돈을 찾아야겠지? 이렇게 은행에서 돈을 찾는 것을 **출금** 또는 **인출**이라고 해.

$⑤$ 은행에서 볼 수 있는 이런 저런 모습들

(2) 돈을 빌려줘

은행에는 돈이나 귀금속이 많이 보관되어 있어. 영화나 드라마를 보면 고객들이 개인 금고에 보관해둔 보석이나 증권 같은 걸 확인하는 장면이 나오잖아? 현금은 대개 엄청 커다란 금고에 보관되는데, 금고에 쌓여 있는 돈을 그냥 놔둔다고 생각하면 좀 아깝지? 돈을 필요로 하는 사람들에게 잠시 빌려줘도 좋지 않을까 하는 생각이 들 거야. 은행 금고에 넣어두어 봤자 먼지만 쌓일 텐데, 하면서. 그래서 은행도 아이디어를 냈지. 돈이 필요한 사람에게 이자를 받으며 **대출**해주자고 말이야.

(3) 돈을 바꿔줘

옛날 무역이 활발한 지역에서는 여러 나라의 돈이 오고 갔어. 그런데 나라마다 발행한 돈(은화, 금화 등)의 품질과 가치가 제각각이어서 전문가의 도움이 필요했지. 은이 많이 포함된 주화도 있고, 은이 적게 들어간 주화도 있고, 금화도 있었거든. 그러니 이것들을 일일이 살피고 가치를 매겨서 어느 쪽도 손해를 입지 않게 바꿔주는 일이 중요해진 거야. 이렇게 돈을 바꾸는 것을 **환전**이라고 했는데, 주로 환전상이나 은행에서 이 일을 했어. 지금도 외국에 여행 가려면 우리나라 돈을 그 나라 돈으로 바꿔야 하잖아? 요즘에는 은행에 가서 환전하지.

(4) 돈을 다른 곳으로 보내줘

다른 사람에게 돈을 줄 필요가 있을 때 다른 사람과 직접 만나서 돈을 건네는 것이 가장 확실하겠지? 하지만 돈 받을 사람이 멀리 떨어져 있거나 다른 나라에 있으면 어떡해? 돈을 건네주러 가는 이동 비용이 훨씬 더 많이 들어갈 거 아니겠어? 은행은 이 일을 대신 해주기로 마음먹었어. 오늘날 은행에서 하는 수많은 일 중 이 통장에서 저 통장으로 돈을 보내주는 **송금** 또는 **이체** 업무가 바로 이거야. 요즘은 전자적으로 송금하니까 1초도 안 되어 외국의 다른 사람 통장으로 돈을 보낼 수 있지. 수수료만 조금 내면 되니까, 참 편리한 세상이지?

(5) 세금이나 전기 요금을 받아줘

누구나 정부에 세금을 내고, 자신이 사용한 가스, 전기, 수도 요금도 내야 해. 이런 걸 **공과금**이라고 해. 공과금은 어디에 내야 할까? 세금은 정부에, 가스 요금은 가스회사, 전기 요금은 전기회사에 내야겠지. 그런데 수많은 시민이 정부나 가스회사, 전기회사를 일일이 찾아다니며 돈을 내겠다고 한다면 어떨 거 같아? 내는 사람도 고역이지만 그걸 받아야 하는 사람들도 너무 힘이 들게 뻔해. 그래서 은행이 대신 공과금을 받아주는 거야.

이 외에도 은행에서 하는 일은 아주 많아. 돈과 관련된 거의 모든 일을 하고 있다고 보면 될걸?

은행이 없다면

은행이 하는 일이 매우 많고 다양하다고 했지? 이 이야기는 만약에 은행이 없다면 우리 생활이 매우 불편할 거라는 뜻이기도 해. 은행이 사라지면 어떤 일이 벌어질까?

　은행이 하는 핵심 기능이 예금과 대출이라고 했지. 그럼 이제 사람들이 예금하지 못하고 돈이 필요한 사람이 돈을 빌릴 곳이 없게 되는 거야. 여윳돈이 있는 사람들은 비싼 금고를 사서 집 은밀한 곳에 두거나 땅을 깊이 파서 돈을 보관하고 있어야 해. 이자를 받을 기회를 놓치는 것은 당연하고. 돈이 필요한 사람은 더 곤란해져. 돈이 없어서 굶는 사람, 필요한 전자제품을 사지 못하는 사람, 사업이나 장사를 시작하지 못하는 사람도 계속 나올 거야. 이들은 은행 대신 돈을 빌려줄 사람을 찾아 여기저기 돌아다녀야 할걸? 이 넓은 세상에서 누구에게 여윳돈이 있는지도 모르면서, 또 잘 알지도 못하는 사람에게 누가 돈을 빌려줄까, 걱정하면서 말이야.

운이 좋아서 돈을 빌려주려는 사람을 만난다고 해도 서로 조건을 맞추고 마음을 맞추는 건 어려울 거야. 자신이 신용이 좋은 사람이라는 것, 무슨 일이 있어도 확실하게 돈을 갚을 거라는 사실을 상대방이 과연 순순히 믿어줄까? 그러니 선뜻 대출 계약이 이루어지지 않을 수밖에. 문제는 또 있어. 이자는 얼마로 해야 하는지를 놓고 빌려주는 사람은 많이 달라고 주장할 테고, 빌리는 사람은 어떻게든 적게 주려고 논쟁을 벌일 거야.

실제로 돈을 빌려줬다가 돌려받지 못해서 큰 손실을 보는 사람들도 나타날 거야. 돈을 빌린 후 도망가는 사람도 생길 거고. 이런 일이 자주 발생하다 보면 돈이 있는 사람이 돈을 빌려주려 하지 않겠지? 이자를 받으려고 빌려줬다가 빌려준 원금조차 돌려받지 못하면 큰 낭패일 테니까. 성실하게 갚을 능력이 있는 사람조차 돈을 빌리지 못하는 세상이 되고 말 거야.

어디 그 뿐이겠어? 멀리 있는 가족이나 친구에게 돈을 송금하는 일도 힘들어져. 돈을 건네주려면 돈을 직접 소지하고 어디든지 직접 찾아가야 할 테니까.

은행이 없을 때 일어날 수 있는 일을 몇 가지만 생각해봤어. 다행히 우리 주위에는 은행이 있어서 이런 상상 속 걱정을 할 필요가 없어. 여윳돈이 있는 사람은 은행에 돈을 맡기면 되고, 돈이 필요한 사람은 은행을 찾아가면 돼. 돈 대출에 대한 계약과 이자는 은행이 알아서 해결해줄 거야. 은행은 돈이 오고가는 걸 **중개**하는 역할도 하니까.

　돈 거래에 필요한 모든 절차를 은행이 대신해주니, 이 얼마나 편리하고 **효율적**이야? 게다가 은행은 이런 일만 반복해서 하므로 전문가 중의 전문가야. 실수도 거의 하지 않고 일을 신속하게 처리해주지.

　물론 은행 역시 대출해준 돈 가운데 일부분은 돌려받는 데 실패하기도 해. 파산한 사람이나 회사에서 돈을 돌려받을 방법은 없으니까. 그래도 은행은 책임지고 확실하게 돈을 돌려주므로 여윳돈이 있는 사람은 안심하고 은행에 돈을 예금해도 좋아. 이제 은행이 없는 세상은 상상조차 하기 싫어!

이자의 **비밀**을 밝혀라

이제 **이자**의 수수께끼를 풀어볼 때가 되었어. 돼지 저금통에 돈을 저축하는 것과 은행에 돈을 저축하는 것의 중요한 차이 가운데 하나는 은행에 저축하면 이자를 받을 수 있다는 점이야.

은행이 예금한 사람에게 **예금 이자**를 줄 수 있는 비밀은, 은행이 예금으로 받은 돈을 금고에 고스란히 보관하고만 있지 않고 대출해주기 때문이야. 은행은 돈이 필요한 사람에게 돈을 빌려주고 약속한 기간이 되면 대출금과 **대출 이자**를 돌려받아. 그리고 대출 이자로 받은 것 가운데 일부를 예금 이자로 줘. 예금이 없었다면 대출은 애초 불가능했을 테니까. "돈을 우리 은행에 맡겨준 손님 덕분에 대출로 이자를 벌었으니, 그 일부를 손님에게 드립니다"와 같은 논리라고 보면 돼. 단순하게 말하면, 은행은 손님의 돈을 이용해서 돈을 버는 곳이야. 손님들로부터 돈을 많이 맡아둘수록 대출로 돈을 벌 기회도 많아지겠지? 그러니 돈을 맡기는 손님들에게 이자를 주는 거지.

앞에서도 잠시 말한 적이 있지만, 은행이 처음부터 예금 이자를 줬던 것은 아니야. 처음에는 오히려 돈을 맡기는 사람들에게서 **보관 수수료**를 받았다고 했잖아. 돈이나 귀중품을 안전하게 보관해주는 대가를 요구한 것이었지. 사람들도 돈을 은행에 맡기고 편안하게 지낼 수 있으므로 기꺼이 보관 수수료를 냈고. 당시는 대출로 돈을 번다는 생각을 하지 못하던 때였거든.

그러다가 금고에 있는 돈을 대가를 받고 빌려주면 좋지 않을까, 생각하는 은행이 나타나기 시작했어. 돈이 필요한 사람에게 돈을 빌려주고 대출 이자를 받는 일을 하면서 은행의 수입은 크게 늘어나게 돼. 대출 업무를 하다 보니 보관 수수료를 받는 편보다 대출 이자를 받는 편이 수익성이 더 좋다는 걸 알게 됐거든.

은행들은 대출 사업을 아주 중요한 업무로 생각하게 되었어. 대출해줄 수 있는 돈을 더 많이 확보하려고 경쟁하면서 여러 아이디어를 냈어. 돈을 맡기는 사람에게 보관 수수료를 면제해주다가 아예 이자까지 주며 은행에 돈 맡길 사람을 적극적으로 찾아다니기 시작한 거야.

이렇게 해서 대출 업무를 많이 하게 되면 은행은 돈을 빌려간 사람이나 기업에서 이자를 받아. 그러고는 그 돈에서 예금 이자를 주지. 이렇게 대출 이자에서 예금 이자를 빼고 남은 것이 은행의 **수입**이야. 이 말은 대출 이자가 예금 이자보다 많다는 뜻이겠지? 그러니까 돈을 빌려간 사람이 은행에 내는 이자가 돈을 빌려주고 받는 이자보다 많다는 뜻이야.

손님이 은행에 예금한 돈을 **원금**이라고 해. 원금에 이자를 더하면 손님의 예금 총액이 되고.

원금 + 이자 = 예금 총액

100만 원 + 5만 원 = 105만 원

원금 100만 원을 예금했는데 이자가 5만 원이므로 이자율은 원금의 5퍼센트라는 뜻이야. 이처럼 이자율은 백분율로 표시해. 아직 백분율을 배우지 않았다면 비율로 생각해서 원금에 0.05를 곱하면 돼.

원금 × 이자율 = 이자

100만 원 × 5% = 5만 원

100만 원 × 0.05 = 5만 원

대출을 받으려는 사람들이 많아지면 은행은 예금을 더 많이 확보해야 하므로, 이자율을 올려. 그러면 사람들이 '어, 별별은행에서 다른 데보다 이자를 많이 준대' 하면서 예금을 더 많이 할 거 아니겠어? 반대로 은행에 돈이 많이 남아 있으면 예금 이자가 줄겠지. 이처럼 이자와 이자율은 고정되어 있지 않고 돈의 상황에 따라 계속 바뀌지. 좀 어려운가?

　정리해볼게. 은행에 저축한 돈은 은행 금고에서 그냥 잠자고 있는 게 아니라 필요한 곳으로 흘러나가. 낮이나 밤이나 잠도 자지 않고 돈은 계속 움직이는 셈이지. 예금한 사람이 편안하게 잠을 자는 순간에도 이자는 계속 불어나는 거야, 시간과 함께.

우주에서 가장 **무서운 이자**

위대한 물리학자 아인슈타인을 모르는 사람은 없을 거야. 여기서 퀴즈. 아인슈타인은 '이것'을 우주에서 가장 강력한 힘이라고 말했어. '이것'은 무엇일까? 왜 아인슈타인은 '이것'을 우주에서 가장 강력하다고 했을까? 이제부터 알려줄 테니, 천천히 따라와봐.

'이것'은 이자와 관련이 있어. 이자는 사람들이 잠자고 있는 시간에도 불어난다고 말했는데, 참 신나는 일이지? 그런데 이번에는 돈을 빌렸다고 생각해봐. 역시 이자는 늘어나겠지. 이자가 늘어단다는 건 그만큼 갚아야 할 돈이 많아진다는 뜻이야. 눈덩이처럼 불어난 이자는 어떤 사람에게는 재앙이 되기도 해.

양 100마리를 빌린 사람을 생각해보자. 이 사람은 1년 후에 이자로 양 10마리를 주겠다고 약속했어. 이자율이 10퍼센트라는 말이지? 양 100마리를 잘 키우면 1년 동안 새끼를 많이 낳을 테니 이자로 양 10마리를 줘도 좋겠다는 생각에서 양을 빌려와. 이 사람이 1년 후에 갚아야 할 양은 모두 몇 마리? 맞아, 110마리야.

그런데 맙소사. 전염병이 돌아 양들이 많이 죽고 새끼도 기대만큼 많이 낳지 못했어. 약속한 1년 후에 110마리의 양을 갚을 수 없게 되었지. 이 사람은 대출 계약을 1년 연장했어. 이제 이 사람이 갚아야 할 양은 몇 마리인지 따져볼까?

간단하게 120마리라고 생각하는 친구들이 많을 거야. 이 생각은 반은 맞고 반은 틀렸어. 무슨 소리냐고? 이자를 계산하는 방식에 두 가지가 있기 때문이야. 놀랍게도 수천 년 전부터 이어지고 있는 계산법이지.

이 사람이 120마리만 갚아도 된다고 생각한 계산법의 근거를 **단리**라고 해. 처음 빌린 원금 양 100마리에 대해서만 매년 이자를 계산하는 방식이지. 매년 이자가 양 10마리씩이므로 1년 후에는 110마리, 2년 후에는 120마리, 3년 후에는 130마리 하는 식으로 갚는 계산법이야.

그런데 다르게 생각해볼 수도 있어. 양 100마리를 빌린 사람이 1년 후에 갚지 못하면 이 사람이 빚지고 있는 양은 100마리가 아니라 110마리라고 보는 거야. 그래서 110마리에 대해서 이자를 계산하면 양 11마리가 되지? 양 10마리가 아닌 거야. 갚지 못한 이자를 원금에 더해서 함께 이자를 계산하는 방식인데, 이를 **복리**라고 해.

바빌로니아 사람들은 복리를 이자에 대한 이자라고 불렀

어. 빌린 기간이 길지 않다면 단리나 복리나 차이가 크지 않지만, 기간이 길어지면 복리의 위력은 정말 대단해져. 양 100마리를 10년 동안 빌리면, 단리로는 200마리를 갚으면 돼. 하지만 복리로는 259마리를 갚아야 해. 복리 계산법에 따를 때 갚아야 할 빚이 59마리나 더 많은 거야.

이 정도 차이는 새 발의 피야. 만약에 20년 동안 빌리면 차이가 더 벌어지겠지? 단리로는 300마리를 갚아야 하지만, 복리로는 무려 673마리를 갚아야 하거든. 만약 50년이라면 복리로 갚아야 할 양은 11,739마리가 돼. 단지 100마리를 빌렸을 뿐인데…… 정말 놀랍지?

아인슈타인이 우주에서 가장 강력한 힘이라고 말한 것이 다름 아닌 복리야. 복리에 의해 늘어나는 이자는 보통 사람들의 상상을 초월하지. 그러나 복리는 마법이 아니야. 수학이야. 이제 아인슈타인의 말이 이해되지?

복리의 저주 또는 **복리의 재앙**이라는 말 들어봤어? 시간이 지날수록 갚아야 할 돈이 정신없이 불어나는 것을 뜻하는 말이야. 언덕 위에서 눈덩이를 굴리면 처음에는 아주 작은 주먹만 했던 눈덩이가(이것이 원금) 언덕 아래로 구르면서 눈이 붙고 또 붙어(이것이 이자) 결국 감당하지 못할 정도로 눈덩이가 커지는 상황을 떠오리면 돼. 어휴, 생각만 해도 섬뜩하지?

당장 **저축**해야 하는 **까닭**을 이해하겠지?

지금까지 빌린 돈에 대해서 복리 이자가 폭발적으로 늘어나는 현상을 봤어. 우주에서 가장 강력한 힘 말이야. 그래서 돈을 빌리면 반드시 제때에 갚아야 해. 차일피일 미루다가는 감당하기 어려울 만큼 빚이 불어날 테니까.

저축한 돈에도 복리가 적용돼. 은행에 저축하고 찾지 않은 채 오랫동안 놔두면 이자가 붙고 이자에 이자가 또 붙거든. '배보다 배꼽이 더 크다'는 속담을 들어본 적 있을 거야. 원금보다 이자가 더 많아질 때 배보다 배꼽이 더 크다고 할 수 있지.

은행에 넣어두기만 해도 돈이 불어난다니, 이렇게 좋은 돈벌이가 또 있을까? 은행에 저축해놓은 돈을 그냥 놔두면 돼. 물론 여기에 추가로 돈을 더 저축하면 금상첨화겠지.

이자는 참으로 고마운 선물이야. 누군가 1억 원을 모으려는 계획을 세웠다고 해봐. 굳이 1억 원을 다 은행에 저축할 필요가 없어. 돈이 스스로 굴러가며 복리 이자를 만들어주니까. 처음엔 그저 스스로 굴러가는 데 필요한 자그마한 눈 뭉치만 마련하면 돼. 이 눈 뭉치를 **종잣돈**이라고 불러.

여러분도 저축을 해서 **복리의 축복**을 누려봐. 자, 그러려면 뭐가 중요하다고? 그렇지, 바로 **시간**이야. 대출의 경우에서처럼 시간이 흐를수록 이자가 늘어나기 때문이야. 은행에 오래 저축해놓을수록 붙는 이자가 눈덩이처럼 커진다는 뜻이지. '돈이 돈을 번다'는 말도 틀린 게 아니네?

저축을 최대한 빨리 시작해야 하는 까닭이 여기에 있어. 지금 바로 저축을 시작하는 사람은 다른 사람들보다 한발 앞서가는 거야. 남들보다 10년 늦게 저축하기 시작하는 사람은 10년 전에 저축하기 시작한 사람을 따라잡지 못해. 그래서 '시간이 돈'이라는 말도 나온 거지.

어제 저축을 시작하지 않았다고 후회해도 소용없어. 어차피 지나간 시간을 되돌릴 수는 없으니까. 후회하는 데 시간을 낭비하는 것보단 오늘부터 바로 저축을 시작하는 것이 현명하겠지?

어떤 친구들은 용돈이 너무 적어서 저축할 돈이 없다고 말해. 그런데 이건 핑계야. 반드시 돈이 많아야 저축할 수 있는 게 아니거든. 돈이 많고 적은 게 중요한 게 아니라 꾸준히 저축하고 지속하는 습관이 제일 중요해.

한 가지 주의할 점이 있어. 일찍 저축을 시작하더라도 중간에 돈을 빼내서 쓴다면 복리가 힘을 제대로 발휘하지 못해. 계속 놔두거나 새로 저축해서 돈을 보태주어야만 힘이 더 세지고 돈이 크게 불어난다는 것, 꼭 기억하길 바라. 자, 오늘 당장 저축을 실천해보자.

나의 **통장**과 **계좌**를 만들어보자

저축하려는 마음이 생겼다고? 그러면 이제 은행에 가서 저축하는 방법을 알아보자. 은행에 예금하려면 제일 먼저 은행에 가서 자신의 **계좌**를 만들고 **통장**을 받아야 해. 요즘 정보통신 기술이 발달해서 종이로 만든 통장을 만들지 않고도 은행 업무를 볼 수 있지만, 여전히 많은 사람이 종이통장을 더 좋아하는 것 같아.

계좌를 만들면, 은행에 돈을 입금하거나 출금할 때마다 계좌에 차곡차곡 기록돼. 물론 요즘에는 은행을 방문하지 않고 인터넷만으로도 계좌를 만들 수 있어. 온라인으로 입출금 내역을 다 확인할 수도 있고. 그 뿐이 아니야. 은행 건물 없이 모든 업무를 인터넷으로만 하는 **인터넷전문은행**이란 것도 생겨났대. 그렇지만 이건 어디까지나 어른들의 이야기야.

왜냐고? 만 14세 미만의 미성년자는 반드시 부모님 가운데 한 분과 함께 은행을 방문해서 계좌와 통장을 만들어야 해.

은행을 방문하기 전에 준비해야 할 서류도 있어.

(1) 기본증명서

만 14세 미만 미성년자는 어른들처럼 주민등록증이나 운전면허증 같은 신분증이 없어. 그래서 대신에 기본증명서라는 서류가 신분증 역할을 해줘.

(2) 가족관계증명서

가족관계증명서가 필요해. 함께 간 부모와 자녀가 가족 관계가 맞다는 사실을 증명하는 서류야. 기본증명서와 가족관계증명서는 모두 부모님이 인터넷으로 발급받아 준비해주셔야 해.

(3) 도장

은행과 거래하려면 도장이 필요해. 도장 대신에 서명으로 거래하는 어른들이 있지만, 아직 미성년자이므로 자신의 이름이 새겨진 도장을 준비해야 해.

(4) 부모의 신분증

은행에 함께 가는 부모의 신분증이 필요해. 본인이 맞다는 것을 확인하기 위한 수단이지.

(5) 비밀번호

돈을 찾을 때 본인임을 증명하려면 **비밀번호**를 눌러야 해. 이 비밀번호를 통장 만들 때 미리 은행 컴퓨터에 저장해놓는 거야. 게임 사이트에 접속할 때 비밀번호가 필요한 것과 마찬가지야. 통장 비밀번호는 4자리 숫자로 만들어. 다른 사람이 알아채면 안 되므로 자신의 생일이나 전화번호 같은 숫자를 비밀번호로 사용하면 안 돼. 친구에게도 말해주지 마.

은행을 방문해서 번호표를 받아 순서를 기다리면 은행 직원이 부를 거야. 통장을 만들러 왔다거나 계좌를 만들러 왔다고 말하면 거래신청서 양식을 주는데, 신청서를 작성하는 방법부터는 은행 직원의 안내에 따르면 돼. 친절하게 안내해주실 거야. 그러고 나서 조금 기다리면 은행 직원이 새 통장을 건네줄 거야. 와, 내 이름으로 된 통장을 갖게 되다니, 참 멋지지? 이제부터 여러분이 이 통장에 돈을 넣거나 빼거나 하는 모든 내용이 다 기록될 거야. 마치 용돈 기입장처럼. 새로 예금한 돈, 찾은 돈, 남아 있는 금액, 이자 등이 날짜와 함께 자세하게 통장에 기록되지. 그러니 통장을 소중하게 간직하고 있어야 해.

통장에는 자신의 이름과 계좌 번호가 인쇄되어 있어. 계좌 번호는 은행이 정해주는데, 손님이 가입한 저축 상품의 아이디 번호라고 보면 돼. 은행과 거래하는 모든 내용이 이 계좌 번호 속으로 기록되고 저장되는 거지.

통장, 너를 낱낱이 해부해줄게

은행이 만들어준 통장을 들여다볼까? 통장을 넘기면 표지 안쪽에 여러 가지 내용이 적혀 있어. 먼저 은행 이름이 있지?

그다음에 통장 주인, 또는 예금주의 이름이 적혀 있어. 통장을 받은 후 자신의 이름이 제대로 기록되어 있는지 꼭 확인하는 거 잊지 말고.

계좌 번호도 있어. 계좌 번호는 여러 자리로 구성되어 있는데, 은행에 따라 11자리에서 14자리 숫자로 되어 있어. 얼핏 보기엔 그냥 숫자를 나열한 거 같지만, 천만의 말씀이야. 계좌 번호에는 많은 정보가 담겨 있거든. 계좌 번호를 보면 계좌를 만든 은행 지점, 손님이 가입한 저축 상품이 무엇인지 등을 알 수 있대.

그 뿐인 줄 알아? 손님이 가입한 저축 상품의 종류도 적혀 있어. 저축 상품에 대해서는 바로 다음에서 자세하게 얘기할 예정이니 지금은 잠시 참아.

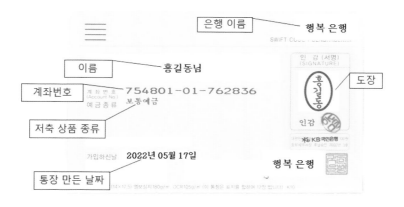

은행 이름 | 행복 은행
이름 | 홍길동님
계좌번호 | 754801-01-762836
저축 상품 종류
도장
통장 만든 날짜 | 2022년 05월 17일

ⓢ 통장의 안쪽 1면 뜯어보기

그리고 통장을 처음 만든 날짜도 기록되어 있지.

마지막으로 오른쪽에 인감(서명)이라는 네모 칸이 있지? 인감은 본인임을 확인하기 위해 미리 도장을 찍어놓은 거야. 도장 대신 서명을 사용하는 어른은 이곳에 미리 손으로 서명을 해놓지. 나중에 돈을 찾을 때 용지에 찍은 도장과 통장에 있는 도장이 일치해야 은행은 손님에게 돈을 내줄 수 있어. 그러니 당연한 말이지만 도장을 잃어버리면 절대 안 돼!

통장의 다음 면부터는 은행과 거래한 내역이 날짜 순서대로 기록돼. 거래 내역이 기록된 통장을 보면 매우 복잡해 보이지만, 용돈 기입장과 크게 다르지 않으니, 이해할 수 있지?

(1) 거래 일자

은행과 거래한 날짜가 제일 앞에 나와. 연도, 월, 일이 차례대로 숫자로 표시되지.

(2) 거래 내용

어떤 형태의 거래가 이루어졌는지를 기록하는 칸이야. 조금 어려운 말들이 나오므로 이것에 대해서는 여기에서 설명하지 않을 거야.

(3) 찾으신 금액

은행에서 돈을 찾으면 이곳에 금액이 기록돼.

(4) 맡기신 금액

은행에 돈을 예금하면 이곳에 금액이 기록돼. 은행에 따라서는 입금하신 금액이라고 표시하기도 해.

(5) 남은 금액

입금하거나 출금하고 현재 계좌에 남아 있는 돈이 얼마인지를 계산해놓는 곳이야. 자신의 계좌에 남아 있는 돈을 잔액이라고 해. 은행에 따라서 현재 잔액 또는 줄여서 잔액이라고 표시하지.

(6) 거래점(취급점)

마지막 줄에는 거래한 은행 지점의 이름이 나와. 처음 통장을 개설한 은행 지점이 집에서 가까우므로 그곳에서 돈을 입금하거나 출금하는 일이 가장 많겠지만, 반드시 그럴 필요는 없어. 다른 지역을 방문하다가도 필요하면 근처에 있는 지점

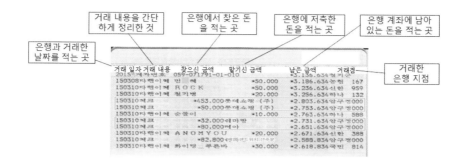

ⓢ 거래 내역이 적힌 통장

을 이용하면 되니까. 그래서 은행의 어느 지점에서 거래했는 지를 표시해주는 거야.

내게는 **어떤 저축**이 잘 **맞을까?**

이번에는 어떤 종류의 저축을 해야 하는지 생각해보자. 저축이면 저축이지, 어떤 종류의 저축이라니 무슨 소리인지 모르겠다고? 저축도 상품이야. 이걸 만든 회사(공장)가 은행인 셈이지. 그러니 은행 입장에서는 소비자 마음에 들도록 여러 종류를 개발해야겠지? 어떤 상품은 이런 게 장점이고, 어떤 상품은 저런 게 특징이고…… 하는 식으로 말이야. 저축 상품마다 이자율과 조건이 다른 것도 이런 이유야. 그러니 꼼꼼하게 살핀 다음 각자 자신의 상황을 봐서 적당한 저축 상품을 골라야겠지.

(1) 언제든지 맡기고 찾는 보통 예금

언제든지 돈을 맡길 수 있고, 또 맡긴 돈을 찾고 싶을 때 마음대로 찾을 수 있는 저축 상품이 **보통 예금**이야. 돈을 집에 보관하는 대신에 은행에 잠깐씩이라도 맡겨놓고 필요할 때마다 찾으려는 목적에 딱 들어맞아. 그래서 사람들은 기본으로 보통 예금을 갖고 있어.

보통 예금은 수시로 돈을 입금하거나 출금할 수 있어서 매우 편리해. 하지만 은행의 입장은 다르지. 예금주가 언제 얼마의 돈을 찾아갈지 알 수 없잖아? 보통 예금에 들어 있는 돈은 대출해주는 데 사용하기도 어렵고. 그러니까 자연스레 보통 예금에서는 대출 이자를 별로 벌어들이지 못하겠지? 보통 예금에 저축한 돈에 대해서 예금 이자를 많이 주지 않는 이유야. 즉, 이자가 적다는 점이 보통 예금의 단점이지. 보통 예금은 이자를 얻으려는 목적보다는 안전하게 돈을 맡기고 필요할 때마다 수시로 돈을 찾는 목적에서 사람들이 가입하는 상품이라는 거, 잊지 마.

(2) 돈을 모아가는 정기 적금

적금은 일정한 기간 동안 은행에 돈을 조금씩 저축해서 모으고 기간이 지나면 이자와 함께 돌려받는 저축 상품이야. **적금**이란 돈을 적립한다, 즉 쌓는다는 뜻인데, 적금에는 두 가지 종류가 있어.

매달 일정한 돈을 저축하는 것이 **정기 적금**이야. 예를 들면 매달 10만 원씩 1년을 적립하면 120만 원, 2년을 적립하면 240만 원이 되겠지. 월급을 받는 직장인 등이 다달이 조금씩 돈을 모아 큰돈을 만들려는 목적에서 주로 가입하는 상품이 바로 정기 적금이야.

약속한 1년이나 2년이 지나면, 은행은 저축한 원금에다 이자를 더해서 줘. 예금주가 가입하면서 약속한 기간에는 돈을 찾아가지 않으므로, 은행은 정기 적금에 들어온 돈을 대출해 줘서 이자를 벌 수 있어. 그래서 보통 예금보다 정기 적금의 이자가 많아.

한편, 은행에 매달 일정한 돈을 저축하기 곤란한 사람도 있어. 예를 들면, 장사하는 사람은 소득이 불규칙해서 어떤 달에는 저축할 돈이 적어질 수도 있잖아? 이런 사람을 위해 은행은 **자유 적금**이라는 상품도 만들었어. 예금주가 자신의 형편에 따라 저축하는 날짜와 저축 금액을 자유롭게 결정해 저축하는 상품이지.

(3) 이자로 불리는 정기 예금

상당한 금액의 돈을 모았는데 당장 쓸 곳이 없는 사람이 돈을 불리려는 목적으로 가입하는 상품이 **정기 예금**이야. 목돈을 한꺼번에 맡기고 1년이나 2년처럼 정해진 기간이 지나면 이자와 함께 돌려받는 거지.

보통 예금에 저축하면 이자를 많이 받지 못하잖아? 그래서 더 많은 이자를 받으려고 정기 예금에 가입하는 거야. 은행은 한꺼번에 받은 큰돈으로 대출을 해줄 수 있어서 정기 예금에 대해서 상대적으로 이자를 많이 줄 수 있어.

복잡해 보이지만 알고 나면 별로 어렵지 않지? 장난감이나 인형을 사는 것처럼 가까운 미래에 쓸 목적으로 돈을 모으고 있다면 언제든지 찾을 수 있는 보통 예금에 저축해야겠지. 1~2년 뒤에 고가의 컴퓨터를 산다거나 스마트폰을 바꿀 예정이라면 장기적인 목표를 위해 돈을 모아야 하니 이럴 때는 적금이나 정기 예금이 좋겠지?

정기 적금이나 정기 예금은 처음 가입할 때 얼마 동안 저축하겠다고 미리 은행에 약속하고 시작해. 이때 약속하는 기간이 길수록 이자율이 높아져서 이자를 더 많이 받을 수 있어. 즉, 1년 동안 예금하는 경우보다 2년 동안 예금하는 경우에 이자율이 더 높지.

그렇다고 이자 욕심에 무작정 기간을 길게 약속하면 안 돼. 약속한 기간이 되지 않았는데 갑자기 일이 생겨 돈이 필요해질 수도 있잖아? 이때는 어쩔 수 없이 은행에 가서 약속을 해지하고 돈을 찾아야 하는데, 그러면 원래 약속한 이자보다 훨씬 적게 받게 돼. 약속을 어겼기 때문이지.

그러므로 저축할 때도 신중하게 저축 계획을 세워야 해. 약속 기간이 다 되기 전에 정기 예금이나 정기 적금을 취소하고 돈을 찾지 않도록 말이야. 공부할 때도 용돈을 쓸 때도 또 저축할 때도 계획이 중요하다는 거, 꼭 기억해.

저축할 수 있는 **금융회사**

이제 어떻게 그리고 어떤 저축해야 하는지 이해했지? 저축을 시작하기만 하면 되는데, 집 가까운 곳에 은행이 없어 저축하지 못하겠다는 사람이 있을지도 몰라.

염려할 것 없어. 저축은 은행에만 할 수 있는 게 아니거든. 은행 말고도 우리나라에는 저축할 수 있는 금융회사가 많이 있어. 은행처럼 금융 업무를 하는 회사들을 통틀어 **금융회사**라고 불러.

금융이라는 말이 나왔으니, 이 뜻부터 알아보자. **금융**은 한마디로 돈을 맡기고 빌리고 빌려주는 것을 말해. 금융 업무를 하는 회사를 금융회사라고 부르는 거고.

우리가 지금까지 이야기한 금융회사는 뭐지? 그래, 은행이야. 은행은 금융회사 가운데 가장 대표적인 곳이거든. 그런데 우리나라에는 은행 말고도 여러 종류의 금융회사가 있어. 몇 가지 알려줄게.

(1) 상호금융조합

주위에서 농협이란 간판을 본 적이 있지? 농협은 농업협동조합의 줄임말이야. 마음이 맞는 여러 사람이 사업을 하려고 돈을 모아 만든 단체가 조합이야. 조합에 가입한 조합원들의 저축을 받고 돈을 대출해주는 업무를 하는 금융회사가 농업협동조합이야. 농사를 짓는 사람이 이용하는 농협, 어업을 하는 사람들이 주 고객인 수협(수산업협동조합)도 있고, 신협(신용협동조합)도 있어. 새마을 금고도 누구나 이용할 수 있지. 저축도 하고 돈을 대출받을 수도 있고. 농협, 수협, 신협, 새마을 금고 등을 모두 합해서 상호금융조합이라고 불러.

(2) 우체국

우체국은 원래 우편물을 취급하는 곳이지만, 저축 업무도 해. 전국 방방곡곡에 우체국 지점이 있어서 많은 사람이 편리하게 이용할 수 있지.

(3) 상호저축은행

은행보다 규모가 훨씬 작고 지점도 몇 개밖에 없지만 하는 일은 은행과 같아. 누구나 자유롭게 상호저축은행에 저축하고 필요하면 대출을 받을 수 있거든.

지금까지는 사람들이 저축할 수 있는 금융회사를 알아봤어. 이제부터 이야기할, 아래에 있는 금융회사들은 저축을 받지 않아. 대신 돈과 관련된 다른 업무를 전문적으로 하는 금융회사들이야.

(4) 증권회사

회사들이 주식을 발행하거나 사람들이 주식을 사고팔 수 있도록 도와주는 일을 해. 주식에 대해서는 다음 수업에서 더 자세하게 알아볼게.

(5) 보험회사

각종 사고에 대비해 보험을 판매하고 보험에 가입한 사람이 사고를 당하면 약속한 돈을 보상해주는 금융회사야. 보험도 다음 수업에서 더 자세하게 알아볼 거야.

(6) 신용 카드 회사

가입한 회원에게 신용 카드로 물건을 살 수 있게 해주고 정해진 날짜에 물건값을 돌려받는 금융회사야. 신용 카드를 얘기할 때 더 자세하게 설명할 거야.

여러분 집 주변을 한번 둘러봐. 저축할 수 있는 금융회사로 어떤 곳이 있는지 확인하고 방문해봐. 부모님께 어떤 종류의 금융회사와 거래하고 계신지 여쭤보고 말이야.

저축에도 계획이 필요해

저축은 좋은 거지만, 정작 저축을 실천하기는 쉽지 않아. 누구나 그럴 거야. 다들 지금 당장 맛있는 것을 먹고, 신나는 장난감을 가지고 놀고, 예쁜 옷을 사 입고 싶어 하게 마련이거든.

그런데 분명한 사실이 있어. 무엇이든지 소비하느라고 써 버리는 돈은 다시 저축할 수 없다는 거지. 그 결과 미래에 소비할 수 있는 돈은 그만큼 줄어든다는 점도 분명한 사실이고.

저축을 실천하고 저축 습관을 키우는 데 도움이 되는 비결을 알려줄게. 바로 구체적인 **저축 목표**를 세우는 거야.

킥보드를 사고 싶다고 생각해봐. 가격이 100,000원인데 부모님이 50,000원을 부담하겠다고 하셨어. 이제 저축해서 모아야 할 돈은 50,000원이야.

만약 킥보드를 다섯 달 안에 사야 한다면 한 달에 모아야 하는 저축액이 얼마인지 구해볼래? 목표액 50,000원을 다섯 달로 나누면 10,000원이야. 매달 10,000원씩 또는 매주 2,500원씩 저축해야 목표를 달성할 수 있겠지?

만약 한 달에 10,000원씩 저축하는 것이 도저히 불가능하다면 다섯 달 안에 사겠다는 저축 목표를 수정해야겠지? 여섯 달이나 일곱 달로 기간을 늘려서 말이야.

이번에는 매달 어느 정도를 저축할지 먼저 정했을 경우를 생각해보자. 목표 금액을 매달 저축액으로 나눠보면 원하는 킥보드를 사기까지 얼마나 시간이 걸릴지를 계산할 수 있어. 한 달에 6,000원을 저축할 수 있다면 킥보드를 살 때까지 적어도 여덟 달을 기다려야 해.

어느 방법이든 상관없어. 구체적인 저축 목표와 계획을 세워놓으면 돈을 쓰고 싶은 유혹이 생기더라도 이를 이겨내는 데 도움이 되거든. 목표 달성을 위해 돈 쓰는 것을 참는 거지.

우선 저축 목표를 종이에 그려봐. 그러고 나서 매달 저축한 금액을 그림으로 표시해. 이렇게 자신이 달성한 목표를 눈으로 직접 확인하면서 남은 목표액이 얼마인지 점검해나간다면, 저축 계획을 충실히 지켜나가는 데 도움이 많이 될 거야.

돈 모으는 비결

돈을 모으는 방법은 간단해요.

돈을 쓰지 않으면 돼요.

이렇게 간단하게 얘기하면, 어떻게 돈을 쓰지 않고 사냐면서 항의하는 친구들이 많을 거예요. 그래서 조금 길게 얘기해볼게요.

소득보다 소비가 적도록 유지하면 돼요.

이것도 쉽지 않은 일이지요. 손에 돈이 있는데, 그것을 쓰지 않고 참는다는 게 말처럼 쉽지는 않아요. 돈을 쓰고 싶은 유혹을 참고 절제하는 방법이 있을까요? 좋은 비결이 있어요.

정말로, 정말로 필요한 것인지를 생각해보는 거지요. 사람들이 살아가면서 없으면 안 되는 것, 즉 생존과 관련된 것이라면 정말로, 정말로 필요한 것이겠지요. 음식이나 물 없이 살 수 없으며, 옷을 입지 않고는 생활할 수 없어요, 집이 있어야 편안히 쉬고 잠을 잘 수 있으며, 다음 날 일어나서 활기찬 경제 활동을 할 수 있어요.

그런데 사람들이 돈을 쓰는 것에는 정말로, 정말로 필요하지는 않은 것들이 많이 있어요. 꼭 필요하지는 않지만 있으면 좋아서 사람들이 원하는 것들이지요. 삶을 더 편리하게 만들어주는 것, 남의 눈에 더 잘 띄어 보이는 것, 자신의 기분을 더 좋게 만들어주는 것 등이 여기에 해당해요. 사람의 욕구이지요.

물이 필요한 것이라면, 탄산수는 원하는 것, 즉 욕구예요. 집은 필요한 것이지만, 호화 주택은 욕구이고요. 가방이 필요한 것이라면, 인기 캐릭터 가방은 욕구랍니다.

필요한 것과 원하는 것을 구분하는 좋은 방법이 있어요. "지금 ○○을 가지지 못하면, 내 목숨이 위험해지거나 생활에 지장이 생길까?"라고 스스로에게 질문해보는 거예요. 만약 이 질문에 자신 있게 "예"라고 답할 수 있으면 필요한 것이고 돈을 써야 해요. 그런데 만약 이 질문에 "아니오"라고 답한다면, 굳이 돈을 쓸 필요는 없어요.

그렇다고 욕구에는 단 한 푼의 돈도 써서는 안 된다는 뜻이 아니에요. 돈 쓰기를 줄일 수 있는 곳은 욕구뿐이고, 돈을 써도 좋은지 다시 한 번 생각해봄으로써 불필요한 소비나 충동적인 소비를 줄일 필요가 있다는 말이에요.

금융 교육 지도자를 위한 페이지
[돈 모으기] – 저축(예금)과 이자

□ 2020 개정 금융교육 표준안(금융감독원) 관련 내용

- 저축을 하는 이유를 설명할 수 있다.

- 미래의 소비를 위해 현재의 소비를 유보하는 행위로서의 저축의 개념을 이해하고, 저축의 필요성과 중요성을 인식하도록 한다. 저축을 통해 풍요로운 미래 생활의 기초를 형성할 수 있으며, 나아가 예적금 상품 등을 통해 이자 수입을 획득할 수도 있음을 이해하는 데 주안점을 둔다.

- 예적금 계좌를 만들고, 저축하는 습관을 기른다.

- 은행 등의 금융기관에 예적금 계좌를 만들어봄으로써 저축하는 습관을 기르도록 한다.

- 가까운 은행 지점을 방문하거나 인터넷전문은행 등을 활용하여 직접 예적금 계좌를 개설하고 일정 금액을 예금해봄으로써 실제적인 활동이 될 수 있도록 한다.

□ 주요 내용1: 저축의 의미

- 소득 가운데 현재 소비를 위해 사용하지 않고, 미래의 소비를 위해 돈을 모으는 것이 저축임
- 저축을 하면 현재 소비를 하지 못한다는 기회비용이 발생하지만 그 대신에 미래에 필요한 소비를 더 많이 할 수 있다는 편익이 있음

□ 주요 내용2: 저축의 필요성과 좋은 점

- 미래에 필요한 소비, 큰돈이 들어가는 물건을 살 수 있음
- 사고 등으로 인해 갑자기 돈이 많이 필요할 때가 생길 수 있는데 이에 대비할 수 있게 해주는 것이 저축임
- 저축한 돈으로 큰 집을 사거나 대학 등록금을 마련하거나 자동차를 사거나 사고로 인한 피해를 극복하는 데 사용함
- 은행 등에 저축하면 돈을 안전하게 보관할 수 있을 뿐 아니라 이자도 받을 수 있음
- 이자는 돈을 이용한 사람이 그 대가로 돈을 빌려준 사람에게 주는 돈임
- 은행에 예금하면 은행이 예금주의 돈을 대출에 이용하는 셈이므로 예금주에게 이자를 지급함. 돈을 대출받는 사람은 은행의 돈을 이용하는 셈이므로 은행에 이자를 지급함
- 개인이 조금씩 저축한 돈이 모여서 큰돈이 되고, 은행은 이 돈을 기업에 대출해줌으로써 공장을 짓거나 물건을 생산하는 데 기여하고 우리나라의 경제 성장에도 기여함

- 기업이 생산한 재화나 서비스는 소비자의 소비 욕구와 만족을 높이는 데 사용될 뿐 아니라 생산에 필요한 일자리를 창출하는 등 좋은 역할을 함
- 수출을 늘려 외화를 획득하는 데에도 도움을 줌

□ 주요 내용3: 저축하는 방법
- 집에서 저금통을 통해 저축하는 방법이 있음. 이는 분실 우려가 있을 뿐 아니라 돈의 체계적 관리에 도움이 되지 않으며 이자수입도 기대할 수 없음
- 은행 등에 저축하는 방법도 있음
- 적은 돈이라도 은행에 예금하면 안전하게 돈을 보관할 수 있을 뿐 아니라, 은행으로부터 이자를 받을 수도 있음

□ 생각해보기: 은행은 왜 예금에 대해서 이자를 줄까요?
- 은행은 개인의 돈을 안전하게 맡길 수 있는 곳인데, 개인의 돈을 보관해주면서 이자까지 주고 있음
- 옛날에는 사람들이 은행에 돈을 맡기고 보관료를 준 적이 있지만 오늘날에는 그 반대로 은행이 예금주에게 이자를 주고 있음
- 은행은 대출을 통해 돈을 벌고 있는데, 대출해줄 돈이 많이 필요하므로 이자를 주면서 돈을 모으고 있는 것임
- 은행은 예금하는 사람에게 주는 이자보다 대출받는 사람에게서 더 많은 이자를 받으며, 그 차이를 이윤으로 가져감

금융 교육 지도자를 위한 페이지
[돈 모으기1]-저축, 이자(이자율)

□ 2020 개정 금융교육 표준안(금융감독원) 관련 내용

- 저축을 하는 이유를 설명할 수 있다.

- 미래의 소비를 위해 현재의 소비를 유보하는 행위로서의 저축의 개념을 이해하고, 저축의 필요성과 중요성을 인식하도록 한다. 저축을 통해 풍요로운 미래 생활의 기초를 형성할 수 있으며, 나아가 예적금 상품 등을 통해 이자 수입을 획득할 수도 있음을 이해하는 데 주안점을 둔다.

- 예적금 계좌를 만들고, 저축하는 습관을 기른다.

- 은행 등의 금융기관에 예적금 계좌를 만들어봄으로써 저축하는 습관을 기르도록 한다. 가까운 은행 지점을 방문하거나 인터넷전문은행 등을 활용하여 직접 예적금 계좌를 개설하고 일정 금액을 예금해봄으로써 실제적인 활동이 될 수 있도록 한다.

□ 주요 내용1: 이자율

- 예금주가 은행에 예금한 돈을 원금이라고 하며, 은행은 원금을 안전하게 보관하고 돌려줌
- 예금주가 돈을 찾을 때에는 원금 외에도 이자를 더해서 받을 수 있음
- 이때 받는 이자를 원금으로 나눈 비율을 이자율이라고 하며 퍼센트(%)로 표현함.

즉, 이자율(%) = 이자 ÷ 원금 × 100

예를 들어 10,000원을 예금하고 1년 후에 11,000원을 받으면 이자는 1,000원이며 이자율은 10%가 됨

- 이자율은 금리라고 부르기도 함

□ 주요 내용2: 예금 이자율과 대출 이자율

- 은행에 예금한 돈에 대해서 적용되는 이자율을 예금 이자율이라고 함
- 은행이 예금주가 맡긴 돈을 대출에 사용하므로 그에 대한 대가로 예금 이자를 주는 것임
- 은행에서 돈을 대출받은 사람이 은행에 지급해야 이자율을 대출 이자율이라고 함
- 은행에서 빌린 돈으로 필요한 곳에 유용하게 사용할 수 있으므로 그에 대한 대가로 대출 이자를 내는 것임
- 대출 이자율이 예금 이자율보다 높음. 1억 원을 대출해주고 은행이 받는 대출 이자는 은행이 1억 원을 예금한 사람에게 지

급하는 예금 이자보다 많으며, 그 차이가 은행이 이윤이 됨. 즉, 은행은 주로 대출을 통해 얻는 이자 수입을 통해 이윤을 벌고 있음

- 은행마다 예금 이자율과 대출 이자율이 조금씩 다르므로 보다 좋은 조건의 은행과 거래할 필요가 있으며, 소비할 때 좋은 물건을 고르듯이 거래할 은행을 합리적으로 선택해야 함

□ 주요 내용3: 은행 계좌 개설
- 집 주변에서 예금할 수 있는 은행이나 우체국 같은 금융회사를 찾아봄
- 은행에서 자신의 계좌를 개설하는 방법을 이해함
- 어른과 함께 은행을 방문해서 본인 이름의 계좌를 개설하기 위해서 필요한 서류가 무엇인지 조사함
- 서류를 지참하고 직접 은행을 방문해 계좌를 개설한 후 꾸준히 예금함

□ 생각해보기: 은행 통장에는 어떤 내용이 기록되나요?
- 자신 이름의 통장에 담겨 있는 정보를 이해하고 통장을 읽는 방법을 이해할 필요가 있는데, 기본적으로 용돈기입장과 비슷함
- 이름
예금주의 이름이 적혀 있음
- 계좌번호

예금주가 맡긴 돈이 보관되어 있는 계좌의 아이디 번호임

- 상품 이름

예금 상품의 이름이 적혀 있음

- 인감 또는 서명

도장으로 거래할 때에는 인감란에, 서명으로 거래할 때에는 서명칸을 이용함. 과거에는 주로 도장을 이용했지만 최근에는 서명을 많이 이용하고 있음

- 날짜

거래가 발생한 날짜가 적혀 있음

- 내용

거래 내역이 적혀 있음

- 출금액, 입금액, 잔액

돈을 인출하면 출금액에, 돈을 맡기면 입금액에 기록되며, 거래 후 남은 돈의 금액이 잔액에 기록됨

- 스마트폰이나 인터넷으로 거래하는 사람들이 많아지면서 통장을 발급하지 않고 스마트폰 등을 통해 통장 내용을 확인하는 사람들이 많아지고 있음. 스마트폰 등에 기재되어 있는 내용은 통장 내용과 실질적으로 차이가 없음

□ 2020 개정 금융교육 표준안(금융감독원) 관련 내용

- 저축을 하는 이유를 설명할 수 있다.

- 미래의 소비를 위해 현재의 소비를 유보하는 행위로서의 저축의 개념을 이해하고, 저축의 필요성과 중요성을 인식하도록 한다. 저축을 통해 풍요로운 미래 생활의 기초를 형성할 수 있으며, 나아가 예적금 상품 등을 통해 이자 수입을 획득할 수도 있음을 이해하는 데 주안점을 둔다.

- 다양한 형태의 저축 방법을 제시할 수 있다.

- 은행을 비롯한 다양한 금융기관에 저축을 할 수 있으며, 개인의 목표와 상황에 따라 선택할 수 있는 다양한 종류의 예적금 상품이 마련되어 있음을 파악하도록 한다. 다양한 형태의 저축 방법 가운데 자신에게 알맞은 방법을 선택하는 것이 가능함을 인식하는 데 주안점을 둔다.

- 예적금 계좌를 만들고, 저축하는 습관을 기른다.

- 은행 등의 금융기관에 예적금 계좌를 만들어봄으로써 저축하는 습관을 기르도록 한다. 가까운 은행 지점을 방문하거나 인터넷전문은행 등을 활용하여 직접 예적금 계좌를 개설하고 일정 금액을 예금해봄으로써 실제적인 활동이 될 수 있도록 한다.

□ 주요 내용1: 저축 상품의 이해
- 보통예금
예금주가 원할 때 자유롭게 돈을 맡기고 필요할 때 찾을 수 있는 상품으로서, 기계(ATM), 스마트폰, 컴퓨터를 이용해 편리하게 입출금을 할 수 있음
- 정기적금
정해진 기간 동안 매월 조금씩 돈을 차곡차곡 맡기는 상품이며, 정해진 기간이 지난 뒤 원금과 이자를 한꺼번에 돌려받을 수 있음
- 정기예금
정해진 기간 동안 목돈을 한꺼번에 맡기는 상품이며, 정해진 기간이 지난 뒤 원금과 이자를 한꺼번에 돌려받음

□ 주요 내용2: 저축 상품의 비교
- 3가지 저축 상품의 특성이 다르므로 예금주의 목적에 따라 자신에게 적절한 저축 상품에 가입해야 함
- 오랫동안 쓸 곳이 딱히 없는 목돈을 보통예금으로 보유하

고 있거나, 목돈이 있음에도 그 돈으로 정기적금에 가입하는 선택은 비합리적임

- 보통예금

예금주가 수시로 돈을 맡기고 찾을 수 있으므로 입출금을 빈번하게 하는 생활비 등을 맡기기에 적절한 상품으로서, 돈을 불리는 것이 주된 목적이 아니라 돈을 맡기는 것이 주된 목적임. 사람들이 기본적으로 가입하고 있는 상품임

- 정기적금

조금씩 돈을 모아 큰돈을 만들려는 목적에서 사람들이 가입하는 상품임. 약속한 기간 안에 사정이 생겨 돈을 찾으면 정해진 이자보다 적게 받으므로 기간을 신중하게 고려해서 가입함

- 정기예금

목돈을 이용해서 많은 이자를 받는 방식으로 돈을 불리려는 목적에서 사람들이 가입하는 상품임. 정기적금처럼 약속한 기간 안에 돈을 찾으면 정해진 이자보다 적게 받음

- 저축 상품에 따라 이자율이 달라짐

고객이 수시로 자유롭게 입출금할 수 있는 보통예금은 은행이 대출로 돈을 벌기 어려우므로 이자율이 매우 낮음. 일정 기간 약속하고 저축하는 정기적금이나 정기예금은 은행이 해당 기간 동안 자유롭게 대출해서 이자 수입을 벌 수 있으므로 이자율이 상대적으로 높음

□ 주요 내용3: 저축 상품의 선택

- 다양한 상황과 목적을 제시한 사례들을 통해 어떤 저축 상품에 가입하는 것이 바람직한지를 선택함

- 보유하고 있는 돈의 크기, 돈을 운용하는 목적 등이 서로 상이한 사람들의 사례를 가지고 가입하기에 적절한 저축 상품을 판단함

□ 생각해보기: 은행 홈페이지 방문

- 대표적인 은행을 하나 선택하거나 자신이 계좌를 개설한 은행의 홈페이지를 방문해서 보통예금, 정기적금, 정기예금에 대한 안내가 있는 곳을 탐색함

- 1년 만기 정기 예금의 의미가 무엇인지 생각함

가입일로부터 1년 동안 목돈을 맡긴 후 1년 후에 이자와 함께 돌려받는 예금

- 3년 만기 정기 적금의 의미가 무엇인지 생각함

3년 만기의 경우 매월 조금씩 돈을 맡기는 상품이므로 모두 36회 예금함

- 1년 만기 정기 예금의 이자율과 3년 만기 정기 예금의 이자율 가운데 어떤 것의 이자율이 높은지 확인하고 그 이유를 생각함. 만기가 길수록 은행은 고객이 맡긴 돈을 자유롭게 대출해주어 더 많은 수익을 얻을 수 있으므로 예금주에게 더 많은 이자를 지급해줌

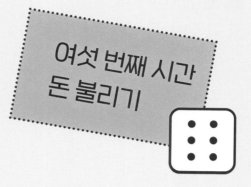

여섯 번째 시간
돈 불리기

돈, 왜 주식에 넣을까?

투자해서 돈 불리기

지금까지 우리는 돈이 무엇인지, 돈을 어떻게 벌고 쓰고 모으는지를 생각해봤어. 이번에는 돈 불리는 얘기를 하려고 해. 돈을 불릴 수 있다니, 매우 흥미롭고도 흥분되지?

돈을 모으는 것과 돈을 불리는 것이 어떻게 다른지를 엄밀하게 구분하기란 쉽지 않아. 바로 앞에서 돈을 모으는 방법으로 저축을 얘기했는데 저축도 이자를 받아 돈을 불리는 목적을 어느 정도 지니고 있거든. '저축은 돈 불리는 행위가 아니야'라고 선을 딱 그어 말하기 힘들다는 뜻이지.

저축은 '돈을 쓸 수도 있지만 쓰지 않고' 아껴서 곳간에 돈을 차곡차곡 쌓는 일에 더 큰 관심이 많아. 그래서 돈 모으기라고 표현하는 거야. 돈을 모으는 과정에서 이자라는 것이 덤으로 생겨 돈이 조금씩 더 늘어나는 거고.

반면에 돈 불리기는 돈을 단순히 쌓는 일에서 벗어나 좀 더 적극적으로 돈을 빠르게 그리고 많이 늘리는 데 더 많은 관심을 둬. 보통 이런 걸 **투자**한다고 말해. 한 줄로 정리하면, 저축으로 돈을 모으고, 투자로 돈을 불리는 거야.

저축 = 돈 모으는 행위

투자 = 돈 불리는 행위

투자로 돈을 불리는 요령은 아주 단순해. 같은 반 동석이가 자동차 블록 장난감을 10만 원 주고 샀어. 그런데 포장도 뜯지 않고 상자 그대로 가지고 있었어. 몇 년 뒤, 신기한 일이 벌어졌어. 동석이가 블록 자동차를 산 이후로 추가 생산이 되지 않은 바람에 그게 희귀 아이템이 되어버린 거야. 맙소사, 인터넷 장터에서 가격이 자그마치 30만 원으로 뛰었어. 이 친구는 장난감에 투자해서 20만 원을 번 거야. 이것이 바로 투자로 돈을 불리는 요령이야.

주식 투자라는 말을 누구나 들어봤을 거야. 이미 주식 투자를 하고 있는 친구도 있을 테지? 어떤 사람이 돈 100만 원을 가지고 주식을 사. 시간이 흘러 이 **투자자**가 산 주식의 가격이 올라 110만 원에 팔 수 있었어. 그럼 이 사람은 주식 투자로 얼마를 번 거야? 그래, 10만 원의 수익을 올렸어. 이 사람이 가지고 있는 돈은 100만 원에서 110만 원으로 불어났고.

이처럼 값이 쌀 때 샀다가 비싸지면 팔아서 수익을 남기는 걸 투자라고 해. 아파트나 땅을 산 값보다 비싼 값에 팔아서 수익을 남기면 부동산 투자가 되는 거고. 그러니까 투자할 때

의 기본은 '이 물건이 시간이 흐르면서 가치가 높아질 것인가?' 하는 점을 잘 고민해서 선택해야 한다는 점이야. 그래야만 거래를 통해 돈을 벌 수 있지.

주식이나 부동산에 투자하는 사람도 있지만, 어떤 사람은 채권, 금, 미술품에 투자하기도 해. 석유, 커피콩, 옥수수, 심지어 돼지에 투자하는 사람도 있어. 가격이 있는 물건이라면 모두 투자할 수 있는 대상이 된다는 뜻이지. 요즘에는 가상화폐에 투자하는 사람도 많아졌어.

투자와 비슷한 말로 투기가 있어. 어른들이 보는 뉴스에 종종 부동산 투기, 투기꾼 같은 말이 나오곤 하지. 그럼 투자와 투기는 어떻게 다른지 생각해볼까?

투기도 돈을 빠르고 많이 불리려는 목적을 지니고 있어. 그런 점에서 볼 땐 투자와 비슷해 보이지. 그런데 투기는 합리적인 판단과 분석보다는, 무분별하게 또는 다른 사람의 권유나 유혹에 따라 오로지 수익만을 추구하는 행위야. 투기꾼은 짧은 기간에 샀다 팔았다를 반복하며 오로지 돈만 밝히는 사람이지.

그렇지만 투자하는 사람, 즉 투자자는 가격의 오르내림을 관찰하고 공부하면서 장기간의 계획에 따라 수익을 남기려고 해. 투자하는 사람은 투자자로 부르고, 투기하는 사람은 투기자가 아니라 투기꾼이라고 부르는 까닭을 이해할 수 있겠지?

오로지 돈을 벌려는 목적으로 투기하는 사람은 자신의 신중한 판단이 아니라 소문이나 유행에 따라 돈을 여기 넣었다가 저기 넣기를 반복해. 운에 의해 돈을 벌기를 기대하는 건데, 운이 좋아 잠깐은 돈을 벌 수 있을지 몰라도 오래 버티긴 힘들어. 이런 투기꾼이 많은 세상은 혼란스러워져.

투자에 성공하면 **이익**, 투자에 실패하면 **손해**

투자로 돈을 빨리 그리고 많이 불릴 수 있다면, 애써 저축할 필요가 없다고 생각하는 친구도 있을 거야. 지금까지 설명만 보면 투자가 저축보다 좋아 보이는 게 사실이야. 오해하면 안 돼. 지금까지 본 건 투자의 좋은 점뿐이니까. 투자에 좋은 점만 있다면 이 세상의 모든 사람이 애써 일하겠어? 투자에만 몰두하겠지. 게다가 저축 같은 건 아무도 쳐다보지 않을 테고.

모든 일에는 빛과 그림자가 있다는 말, 들어보았니? 세상에 좋은 점만 가진 건 없다는 뜻이야. 마찬가지로 나쁜 점만 있는 일도 없어. 투자도 마찬가지야. 투자에 **성공한다면**, 돈을 빠르고 많이 불릴 수 있어. 그런데 이 말을 잘 생각해보면, 투자에 실패할 수도 있다는 뜻이야.

주식을 100만 원에 샀다고 해보자. 주식 가격은 늘 오르기만 할까? 아니지, 내릴 때도 많아. 가지고 있는 주식의 가격이 아무리 기다려도 오르기는커녕 90만 원으로 내린다면, 투자자는 10만 원의 손실을 보는 거야. 이게 투자야. 돈을 불리려다 오히려 돈을 까먹을 수 있다는 뜻이지. 투자는 매우 위험하기도 해.

즉 투자를 할 때는 많은 수익을 벌 가능성과 큰 손실을 볼 가능성을 항상 함께 생각해야 하지. 어느 가능성이 실현될지는 아무도 몰라. 전지전능한 신만 알 수 있을까?

저축은 그렇지 않아. 저축 상품에 가입할 때 은행은 얼마의 이자를 주겠다고 약속하므로 자신의 돈이 얼마로 늘어나는지를 확실하게 알 수 있어. 무슨 일이 발생해도 은행은 약속한 이자를 반드시 줘. 저축한 원금은 안전하게 유지되므로 손실이 발생할 일이 없지.

이제 저축과 투자의 차이를 확실하게 알았지? 저축은 투자보다 수익이 많지 않지만, 원금이 보전되므로 안전해. 투자는, **성공하면**, 저축보다 많은 수익을 남기지만, 대신 **실패하면**, 원금마저 잃을 수 있어. 특히 주식 가격은 변동이 매우 심해서 전문 지식을 가지고 신중하게 투자하지 않으면 손실을 볼 가능성이 크다는 점을 반드시 명심해.

가지고 있는 돈으로 저축을 하느냐 투자를 하느냐는 각자 선택의 문제야. 어떤 사람은 손실을 보는 것이 매우 두려워서 투자를 전혀 하지 않고 저축으로만 돈을 모으기도 해. 이것도 좋은 방법이야.

반면에 어떤 사람은 저축으로 돈을 모으는 일에 만족하지 못하고 투자해서 돈을 빠르게 늘리려 해. 그 결과 투자에 성공하기도 하지만 실패해서 저축보다 못한 돈을 남기기도 하지. 이것도 본인의 선택이야. 어떤 선택을 하든 본인이 그 결과를 받아들이고 인정하는 태도가 중요하니까, 어느 쪽이든 신중하게 결정해야 해.

투자자는 마치 모험가 같아. 모험가들은 목숨을 걸고 새로운 길을 개척하려고 험난한 길을 떠나거나 미지의 세계로 가 보물을 찾기도 하지. 웬만한 사람은 겁이 나서 도전하지 않는 일을 모험가는 누가 시켜서 하는 게 아니라 스스로 해. 그렇지만 이 세상 사람 모두가 모험가가 될 필요는 없어. 물론 모험가 덕분에 아메리카 대륙이나 남극 대륙도 발견했고 동양과 서양 사이의 신속한 무역로를 새로 개척할 수 있었지만 말이야.

저축과 투자를 다음처럼 비유하고 싶어. '저축=성벽 쌓기'라면, '투자=영토 확장하기'라고. 외적의 침입에 대비하려면 우선 성벽을 튼튼하게 쌓아야 하잖아? 그런 것처럼 가장 먼저 할 일은 저축이야. 모든 사람에게, 누구에게나, 저축은 필수적인 거지.

자, 저축으로 튼튼한 성벽을 갖췄어. 성벽을 쌓았으니 이제 영토를 넓히면 더 좋겠지? 바로 투자에 나서는 거야. 투자에 실패하더라도 저축해놓은 돈이 있으니 정상적인 생활을 유지할 수 있어.

그런데 만약 이 일들을 거꾸로 하면 어떻게 될까? 성벽을 쌓기도 전에 영토 확장에 먼저 나서면? 성공하면 좋겠지만 만약 실패하게 되면 영토 확장은커녕 가지고 있던 땅마저 빼앗길 게 뻔하지. 즉 성벽을 쌓아야 할 돈으로 욕심에 사로잡혀 투자에 먼저 나서는 행위는 절대로 바람직하지 않다는 뜻이야. 이런 건 투기꾼이나 하는 일이거든.

투자는 누구나 할 수 있어

어떤 친구들은 '투자를 꼭 해야 하나?' 하면서 고개를 갸웃거릴지도 몰라. 정답은 없어. 손해 볼 위험을 받아들이고 더 큰 수익을 위해 투자하고 싶은 사람은 해도 좋아. 그런 위험이 싫은 사람은 투자하지 않는 거고.

몇 살부터 투자하는 게 좋을지를 궁금해하는 친구들도 있지? 특히 요즘엔 어린이도 투자한다는 이야기가 많으니 말이야. 여기에도 정해진 답은 없어. 아주 어려서부터 할 수도 있고 좀 더 나이가 들어 직장을 가진 후에 투자를 시작할 수도 있지. 일단 스스로 '내가 투자라는 모험을 떠날 준비가 되었나' '모험에 실패해도 감당할 수 있는가' 하는 질문을 던져보고 만약 준비가 되어 있다면 좀 어려도 시작해볼 수 있지.

이때 주의할 게 있어. 많은 돈을 벌 수 있다고 해서 가지고 있는 돈을 모두 투자하는 데 넣으면 안 돼. 전 재산을 투자하는 사람은 모험가가 아니라 도박꾼이야. 불구덩이로 뛰어드

⑤ 투자는 누구나 할 수 있어. 어렸을 때 시작하면 더 좋을 거야.

는 나방 꼴이 나기 쉬워. 가장 나쁜 경우, 투자한 돈을 전부 날려버려도 평소의 생활에 치명적인 영향을 받지 않을 만큼 여윳돈으로 투자해야 해. 손실이 발생하더라도 자신이 감당할 수 있을 만큼만 투자하라는 뜻이야.

예를 들어 대학 등록금으로 쓰려고 모아 둔 돈을 투자하면 안 되겠지? 실패하면 대학을 못 갈 수도 있잖아. 이런 돈은 손실이 발생하면 안 되므로 안전하게 저축해놓아야 해. 여러분 부모님도 집을 장만하려고 모아둔 자금으로는 투자하지 않으실걸?

투자하다 실패해서 손실을 보면 어떤 기분이 들지 상상해 봐. 상상하기조차 싫겠지만, 투자하다 보면 신이 아닌 이상 손실을 볼 때가 생겨. 손실을 봤다고 해서 너무 좌절할 필요

ⓢ 대학에 다닐 때 필요한 돈을 미리 준비하면 큰 걱정 하나를 덜게 될 거야.

는 없어. 아무리 경험이 많은 전문가라도 늘 이익을 얻지는 못하는 게 투자거든. 중요한 것은 실패의 원인을 분석하고 반성하는 것이지. 이렇게 경험을 쌓고 공부하다 보면 미래의 투자에서 성공할 가능성이 그만큼 커지겠지?

투자에 뛰어들 때는 장기적인 안목을 가져야 해. 모험을 떠나는 사람이 며칠 안에 보물을 발견하기를 기대하지 않듯이, 투자하면서 빠른 기간에 많은 돈을 벌 욕심을 내면 안 된다는 말이야. 적어도 1년 후, 보통은 몇 년이나 몇십 년 후를 내다보고 투자하는 마음을 지닌다면 손실보다 이익을 얻을 가능성이 커질 거야.

투자의 현인이라 불리는 **워런 버핏**이란 사람을 알아? 어려서부터 주식 투자에 나서서 주식으로 엄청난 부를 획득한 전설적인 투자자야. 그는 "10년 이상 투자하지 않을 거라면

10분도 쳐다보지 말라"고 했어. 수십 년 후를 내다보고 장기적인 안목에서 투자하라는 조언이지. 어때, 여러분도 한번 곰곰이 생각해봐.

용돈을 모으고 세뱃돈을 아껴 100만 원을 종잣돈으로 모은 친구가 있다고 생각해볼게요. 이 돈을 2%의 이자를 주는 정기예금에 저축하고 수십 년 동안 찾지 않은 채 돈을 굴리면 얼마로 불어나는지 볼까요? 계산기를 두드려 계산할 수도 있지만, 인터넷을 검색하거나 스마트폰 애플리케이션을 설치하면 바로 계산해준답니다.

이런 식으로 돈을 굴렸을 때 이 친구가 40년 후에 만질 수 있는 돈은 221만 원 정도가 되지요. 100만 원을 저축했는데, 손가락 하나 까닥하지 않고 돈이 불어난 것이라 생각하면 괜찮은 결과죠?

그런데 이자율이 2%가 아니라 5%라면 어떨까요? 40년 후에 704만 원이 된답니다. 놀라운 차이지요. 만약 주식 투자에 성공해서 수익률이 7%라면 40년 후에 1,497만 원이 돼요. 더 성공적이어서 수익률이 10%라면 4,526만 원이 되고요. 놀라운 액수이지요. 100만 원으로 시작한 돈이 4,526만 원으로 무

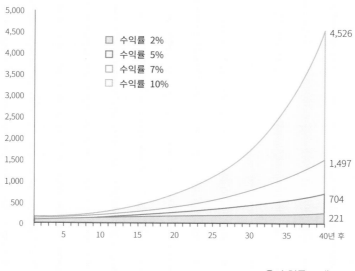

수익률 2%
수익률 5%
수익률 7%
수익률 10%

4,526

1,497

704

221

$ 수익률 그래프

려 45배나 불어난다니 대단해요. 이것이 모두 복리의 힘 덕분이랍니다.

사람들이 투자하는 까닭이 여기에 있어요. 은행에 저축하면 이자율이 높지 않은 편이어서 돈을 불리는 데 한계가 있어요. 그래서 주식이든 가상화폐이든 투자를 해서 돈을 더 빨리 그리고 더 많이 불리려고 시도하는 거지요. 투자에 성공할 것이라는 희망을 품고요.

주식으로 **회사의 주인** 되기

미성년자도 은행에 통장을 만들고 저축할 수 있듯이, 투자하는 데도 나이 제한이 없어. 은행에서 통장과 계좌를 만드는 것처럼 주식 투자를 위한 계좌를 만들고 투자를 시작하면 되거든. 단, 이번에는 은행이 아니라 증권회사를 가야 해. 앞에서 금융회사의 종류를 말하면서 증권회사를 얘기했지?

주식 투자를 하려면 **증권회사**에서 계좌를 만들어야 해. 그리고 증권회사가 만들어놓은 거래 프로그램이나 애플리케이션을 사용해서 주식을 사고파는 거야. 이런 여러 서비스를 제공해준 대가로 투자자들이 주식을 거래할 때마다 약간의 **수수료**를 받는 곳이 증권회사야. 증권회사마다 수수료가 다르므로, 이왕이면 수수료를 적게 받는 증권회사를 골라 계좌를 만드는 게 좋겠지?

주식 투자를 하고 있지 않더라도 주식이라는 말은 들어봤을 거야. 대체 주식이 뭐기에 많은 사람이 주식에 관심을 보

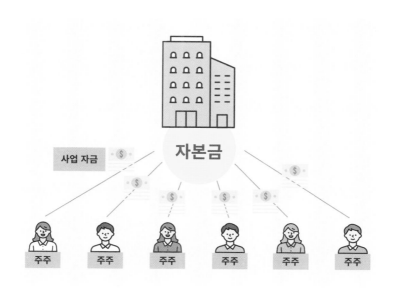

ⓢ 주식을 가진 사람은 모두 회사의 주인이야.

　연예인들의 기획사를 새로 만들려는 사람이 있다고 상상해 보자. 맞아, 창업하려는 사람이지. 기획사를 새로 시작하려면 돈이 많이 필요할 거야. 그러나 이런 사업을 바로 시작할 수 있을 만큼 돈을 많이 가진 사람은 별로 없어. 하지만 유망한 사업이니 포기할 수도 없고. 그럼, 어떡해야 할까? 사업에 필요한 돈을 여기저기서 모으는 거야.

　기획사에 관심을 보이고 기획사가 성공할 수 있다고 믿는 사람들은 자신의 돈을 기획사의 사업 자금(**자본금**)에 보태려고 하지. 이렇게 투자하면 나중에 이익이 생겼을 때 그걸 나눠 받을 수 있거든. 이때 기획사는 그냥 말로만 사업 자금을 받았다고 해서는 안 되겠지? 사업 자금을 받았다는 증명서를 만들어줘야겠지. 이 증명서가 바로 주식이야. 종이에 내용을 인쇄해서 사업 자금을 댄 사람에게 주는 거지. 전자 시대가 된 요즘엔 종이에 인쇄하지 않고, 그냥 전자적으로 주식을 발행해 컴퓨터에 보관하는데, 전자 주식인 셈이지.

종이 주식이든 전자 주식이든, 주식을 받은 사람은 자신이 댄 사업 자금만큼 기획사를 소유하는 **주주**가 되는 거야. 주주는 회사의 주인이라는 자긍심을 가져도 좋아. 사업 자금을 낸 사람이 혼자가 아니라 여러 명이므로, 회사 주인도 여러 명이겠지? 즉 여러 사람이 회사의 공동 주인이 된다는 뜻이야.

자, 이렇게 해서 연예 기획사 주식을 소유하게 되었어. 어엿한 주주가 된 거지. 이들의 바람은 무엇일까? 그래, 소속되어 있는 연예인들의 인기가 치솟고 발표하는 신곡마다 음원 순위의 상위권을 차지해서 잘나가는 거겠지? 연기자라면 출연한 드라마나 영화가 인기를 끌기를 바랄 거고. 그래야만 기획사가 돈을 더 많이 벌고, 회사의 **이윤**이 늘어날 테니까.

이렇게 해서 기획사의 가치가 올라가고, 주식의 가치도 따라서 올라갔다고 하자. 그러면 주주에게 돌아오는 수익도 당연히 많아지겠지? 정말 신나는 일일 거야.

주식 거래는 어떻게 하는 거야?

이번엔 주주 가운데 한 명이 갑자기 돈이 필요해졌다고 상상해보자. 은행에 저축해놓은 돈이 부족해서 어쩔 수 없이 가지고 있는 주식이라도 팔아서 돈을 마련해야 해.

또 어떤 사람은 더는 연예 기획사에 매력을 느끼지 않아 주식을 팔고 싶을 수도 있어. 연예 기획사보다는 메타버스 회사의 주주가 되는 편이 더 많은 수익을 남길 수 있다고 판단한다면 가지고 있는 연예 기획사 주식을 팔려고 하겠지? 하지만 어떤 사람은 연예 기획사를 여전히 매력 있다고 생각해서 주주가 되려고 해. 이런 사람은 기획사 주식을 사야겠지? 이처럼 주식을 팔고 싶거나 사고 싶은 사람들이 주식을 서로 거래할 수 있도록 만들어진 시장을 **주식시장**이라고 해.

요즘은 컴퓨터 프로그램이나 스마트폰 애플리케이션으로 주식을 거래하고 있으니 주식시장은 컴퓨터나 스마트폰 속에 있는 셈이야. 주식을 사고팔 때 그 회사로 직접 갈 필요가 없는 거야. 대한민국에 있는 내 집에 앉아서 미국 회사나 중국 회사의 주식을 자유롭게 살 수 있는 세상이니, 정말 편리해졌지? 주식을 판 사람은 주주 자격에서 벗어나는 거고, 대신 주식을 산 사람이 새롭게 주주가 되는 거지.

어떤 친구들은 주식 가격이 올랐다 내렸다 하는 걸 신기하게 생각해. 아주 간단히 말하면, 주식을 사려는 사람이 팔려는 사람보다 많으면 주식 가격이 올라가(주식 가격을 줄여서 보통 주가라고 얘기해). 반대로 주식을 팔려는 사람이 사려는 사람보다 많으면 주가가 내려가. 연예 기획사의 가수들이 발표한 음원이 미국에서까지 인기를 얻고 있다는 소식에 기획사의 이윤이 크게 많아지면 주식을 사려는 사람은 당연히 많아질 거고, 그러면 주가도 오르겠지?

어떤 사람은 주가가 오를 거라고 예상해서 주식을 사고, 어떤 사람은 주가가 내릴 거라고 예상해서 주식을 팔아. 이건 마치 돈을 내고 누구의 예상이 맞는지를 확인하는 대결장 같아.

그런데 주가가 오를지 내릴지를 정확하게 예측하는 일은 불가능해. 컴퓨터까지 동원해서 주가 변화를 예측하려고 시도하고 있지만, 아직은 성공하지 못했어. 주가는 워낙 많은 요인에 의해서, 그리고 돌발적인 요인에 의해서 변하기 때문이야. 시간이 지나 봐야 비로소 누구의 예상이 맞았는지를 알 수 있지. 그래서 주식 투자는 위험하고, 투자로 돈을 버는 일이 어렵다고 말하는 거야.

이번에는 주가가 내려가는 까닭을 한번 생각해보자. 소속 연예인의 새 음반을 냈는데, 웬걸, 기대만큼 좋은 반응을 얻지 못하고 있어. 기획사 입장에선 너무나 우울한 소식이야. 전 세계적으로 경제가 좋지 않아 사람들이 마음껏 음악을 즐기지도 못하고, 새로 개봉한 영화도 흥행에 실패했다면, 이런 소식도 기획사의 이윤을 줄이는 데 한몫하는 거야. **이윤**은 매출에서 비용을 뺀 나머지거든.

어떤 때는 매출이 비용보다도 작아서 아예 **손실**을 보기도 해. 그러면 주가는 내려가지. 그 회사의 주식을 가지고 있는 투자자는 손실을 보는 거고.

매출이 비용보다 많으면, 이윤 = 매출 - 비용

매출이 비용보다 적으면, 손실 = 비용 - 매출

주식 **투자의 정석**을 알아보자

자, 주식에 투자하는 일이 생각보다 위험하고, 투자에서 손실을 볼 가능성도 크다는 사실을 모두 알게 되었지? 그런데 너무 걱정하지 마. 주식 투자에서 손실을 보는 일을 조금이라도 줄일 수 있는 몇 가지 비법이 있거든. 이 비법을 잘 따른다면 주식 투자의 실패를 줄일 수 있어.

첫 번째 비법은 '달걀을 한 바구니에 담지 마라'는 속담의 경고를 따르는 거야. 이 속담이 주는 교훈은 분명해. 달걀을 한 개의 바구니에 담고 이동하다 실수로 바구니를 떨어뜨리면 모든 달걀이 깨져. 큰 낭패지? 만약 달걀을 여러 개의 바구니에 나누어 담는다면, 실수로 한 개의 바구니를 떨어뜨리더라도 깨지는 달걀은 일부일 거야. 다른 바구니에 담은 달걀은 멀쩡할 테니까.

이 교훈을 주식에 적용해볼까? 가지고 있는 돈으로 한 회사의 주식만 몽땅 사지 말라는 뜻이야. 만약 그 회사의 주가가 하락하면 손실이 엄청나서 타격이 클 게 뻔하잖아. 속담의 교훈처럼, 돈으로 여러 회사의 주식을 골고루 샀다고 생각해 봐. 가지고 있는 여러 회사의 주가가 한꺼번에 떨어지는 일은 드물어. 한 회사의 주가가 하락하더라도, 다른 회사의 주가는 올라 큰 손실을 피하거나 이익을 유지할 수 있거든.

예를 들면, 가지고 있는 돈으로 연예 기획사 주식만 사지 말고, 전자회사 주식도 사고, 음료 회사나 게임회사 주식도 사는 거지. 이런 방식으로 주식 투자의 위험을 줄이는 비법을 **분산 투자**라고 말해.

분산 투자가 중요하다는 사실을 이해하기는 어렵지 않지? 그런데 이 비법을 실천하지 않는 투자자들이 꽤 많아서 전 재산을 날리기도 해. 어른들이 왜 그런 어리석은 일을 하냐고?

그게 다 욕심 때문이지. 투자하면서 한순간에, 남들보다 빨리, 그리고 더 많이 돈을 벌려는 욕심 말이야. 하지만 세상일은 절대 자기 생각대로 되지 않아. 욕심을 부리면 항상 실수를 저지르게 마련이고. 욕심은 대개 사람의 눈을 가리고 이성을 마비시켜서 합리적으로 판단하는 걸 막거든. 투자 판단이 흐트러지고 결국 손실을 보게 되는 거지.

투자는 욕심낸다고 해서 수익이 많아지는 게 절대 아니야. 은행에서 받는 이자보다 조금만 더 벌겠다는 생각으로 신중하게 투자하는 게 가장 안전하다는 것, 꼭 명심하길 바라.

주식 **투자**도 **공부**가 먼저

주식 투자에서 실패를 줄이는 두 번째 비법은 공부해서 투자 지식을 쌓는 거야. 학교 공부도 지겨운데 또 공부하라니! 듣기 싫을 수 있겠네. 그러나 아무리 듣기 싫어도 공부하는 사람을 이길 수 없다는 건 변함없는 진리야. 투자에서 돈을 잃고 싶다면 공부하지 않아도 좋아. 그냥 기분 내키는 대로, 감정에 따라 주식을 투자하면 돼. 그러나 힘들게 고생해서 모은 소중한 돈을 허무하게 날리고 싶은 사람은 없을 거야. 투자하기 전에 철저하게 준비하고 대비해야 하는 이유지. 물론 여기에서 얘기하는 공부는 학교 공부와는 좀 달라.

어느 회사의 주식을 살 것인지 결정하기 전에, 회사들에 대해서 파악해야 해. 어떤 사업을 하는 회사인지, 사업의 전망이 좋은지, 사업을 잘 할 수 있는 능력과 기술을 보유하고 있는지, 경쟁 관계에 있는 회사는 얼마나 있는지, 사람들이 그 회사를 얼마나 좋아하는지, 사업 실적은 좋은지, 회사에 어떤 문제가 없는지 등등을 알아야 해. 이렇게 꼼꼼히 공부해서 발전 가능성이 높은 회사를 찾아내 그 회사의 주식을 사는 거야.

이 비법은 투자의 귀재라는 별명을 가지고 있는 워런 버핏의 조언이야. 워런 버핏은 "자신이 기업의 주인이라는 생각으로 회사와 함께 오랫동안 성장하는 투자를 해야 한다"고 말했어.

주식에 대해서 철저하게 공부하고 풍부한 지식을 쌓는 일은 실제로 쉽지 않아. 공부해도 여전히 잘 모르겠고 투자가 매우 어렵다는 생각도 들 거야. 이럴 때는 투자 전문가에게 투자를 부탁해도 돼. 이게 또 다른 비법이야.

전문가에게 투자해달라며 자신의 돈을 맡기는 **간접 투자** 방식이지. 오랜 경험과 풍부한 지식을 지닌 투자 전문가들은 다른 사람의 돈을 대신 투자해주는 일을 직업으로 갖고 있어. 그리고 대신 투자해준 대가로 수수료를 받아.

물론 투자 전문가라고 해서 항상 수익을 버는 것은 아니야. 이들도 투자에 실패할 수 있어. 하지만 보통 사람들보다 투자를 잘 하는 능력을 지니고 있는 게 분명해. 이들에겐 풍부한 경험과 지식이 있으니까.

주식 투자 비법

- 분산 투자: 여러 회사의 주식에 투자하기
- 공부: 발전 가능성이 있는 회사를 찾기
- 간접 투자: 투자 전문가에게 투자를 부탁하기

주식은 부풀었다 사라지는
거품 같기도 해

아이작 뉴턴을 모르는 사람은 없을 거야. 만유인력의 법칙을 발견한 과학자잖아. 과학 혁명을 일으키고 수학에서도 뛰어난 업적을 보여 인류 역사상 가장 영향력 있는 사람 가운데 한 명으로 꼽힐 정도야.

뉴턴도 주식에 투자했어. 그는 **남해회사**라는 곳의 주식을 샀어. 남해회사는 대륙 간 무역이 활발하게 이루어지던 18세기에 영국의 노예무역을 독점할 수 있도록 특권을 부여받은 회사였어. 사람을 노예로 거래하다니 지금으로서는 말도 안 되는 일이지만, 그때는 노예무역이 성행하던 시절이었어.

정부가 뒷받침해주고 있으니 남해회사가 많은 이윤을 얻을 거라는 기대감이 영국 사람들 사이에 널리 퍼져 있었지. 그런 만큼 남해회사 주식을 사려는 사람들도 점점 많아졌어. 당연히 주가도 올랐지. 당시는 영국 경제가 성장하면서 중산층의 손에 많은 여윳돈이 있을 때였으니 적당한 투자 대상을 찾던 영국 사람들은 너도나도 남해회사에 주목했지.

그 가운데 뉴턴도 있었어. 뉴턴은 주식을 사고팔면서 많은 돈을 벌었어. 그런데 뉴턴이 주식을 팔았는데도 주가가 계속 오르는 거야. 자신의 예상과 다르게 주가가 여전히 상승하자, "내가 천체의 움직임은 계산할 수 있어도 인간의 광기는 계산할 수 없구나"라는 말을 남겼어. 그리고는 다시 주식에 투자하기 시작했지. 전 재산을 남해회사 주식에 투자한 거야.

우리가 앞에서 나눈 이야기가 뭐지? 그래, 절대 한 개의 주식에 몰두하지 말라는 거였잖아. 달걀을 여러 바구니에 분산해야 한다는 말, 기억하지? 뉴턴은 멈춰야 할 순간에 다시 남해회사의 주식을 사들였어. 그러자 이번에는 주가가 거짓말처럼 폭락했어. 엄청난 손실을 보았지. 세계적인 수학자이자 과학자였던 뉴턴에게도 주식 투자는 너무나 어려웠나 봐.

남해회사의 주가는 1년 사이에 10배나 폭등했다가 바로 원래 가격으로 폭락했어. 이런 현상을 **거품**, 영어로 **버블**이라고 해. 주식 가격이 비정상적으로 폭등했다가 마치 비누거품 꺼지듯이 순식간에 펑 사라지는 거지.

버블 현상은 주식 투자가 얼마나 위험한지, 사람들의 생각이 얼마나 허황된지, 기대심리가 얼마나 잘못될 수 있는지를 잘 보여주는 용어야. 버블 얘기가 나왔으니 세계적으로 가장 유명한 버블에 대해서 한마디 해줄까? 이른바 **튤립 버블** 사건이야. 맞아, 봄이면 예쁘게 피어나는 튤립 이야기지.

사람들이 투자할 수 있는 대상에는 주식 말고도 금, 미술품, 가상화폐 등 많다고 했지? 무엇이든 투자 대상이 될 수 있다고 했잖아. 17세기 유럽에서는 튤립이 인기 있는 투자 대상이었대.

유럽에 처음 튤립이 소개되자 인기가 대단했다고 해. 사실 튤립은 지금 보아도 예쁘잖아. 유럽 사람들은 이 꽃을 탐내서 너도나도 집에 심으려 했어. 그러자 튤립 가격이 올랐지. 이런 현상은 당시 유럽의 강국이었던 네덜란드에서 특히 심했대. 유럽 경제의 중심지였던 네덜란드에 돈이 넘쳐났던 시기였거든. 그러니 돈 많은 네덜란드 사람들이 튤립으로 돈을 버는 데 눈독을 들일 수밖에.

그 결과 튤립 가격이 올라도 너무 많이 올랐어. 튤립 뿌리 한 개의 값으로 암스테르담에 집을 한 채 살 수 있었다니, 말이 안 되지? 하지만 실제로 있었던 일이야. 이성적으로 판단하면 결코 있을 수 없는 사건이지만, 당시 분위기가 그랬던 거지. 사람들의 판단이 순식간에 흐려져서 '튤립을 사기만 하면 돈이 될 거야'라고 무조건 믿은 거야.

다행히도 모든 사람이 바보는 아니었나 봐. 튤립 가격이 터무니없이 비싸다고 생각하는 사람들이 생겨나기 시작했고, 어느 순간에 가격이 폭락했거든. 많은 사람이 전 재산을 잃고 눈물을 흘렸는데, 후세 사람들은 이때의 일에 튤립 버블이라는 이름을 붙였지.

아이작 뉴턴은 과학자이지만 돈과 관련한 일화도 많아요. 주식 투자에 실패한 일화가 그 가운데 하나이지만, 빼놓을 수 없는 일화가 하나 더 있어요.

위조지폐가 무엇인지 잘 알고 있을 거예요. 요즘은 종이로 돈을 인쇄하니까 허가받지 않은 사람이 정교한 기계를 사용해 지폐를 인쇄하는 거지요. 당연히 불법 행위랍니다.

옛날에도 돈과 관련된 범죄가 끊이질 않았어요. 중세에는 은화 같은 주화가 돈이었다는 얘기를 기억하고 있을 거예요. 은화는 위조해서 만들 수 없어요. 왜일까요? 은화를 만들려면 비싼 은을 가지고 있어야 하잖아요? 은이 있다면 굳이 은화로 만들 필요 없이 은을 팔아서 돈을 받을 수 있으니까요.

당시의 범죄는 은화의 테두리에서 은을 약간씩 잘라내거나 깎아내는 행위였어요. 은화 테두리에서 다른 사람들이 알아차리지 못할 정도로 조금씩 은을 떼어낸 거지요. 이런 은 부스러기들을 모아 은 덩어리로 만들어 팔았지요. 수백 년 동안 이런 범죄가 끊이질 않았다고 해요. 잡히면 사형까지 당했는데도 말이에요.

은화를 깎아내는 범죄에 대한 해결책이 필요했어요. 그 해결책을 제시한 사람이 바로 아이작 뉴턴이에요. 뉴턴이 케임브리지 대학의 교수직을 내려놓고 영국 **조폐국**의 국장이 되었을 때죠. 조폐국은 주화를 만들어내는 곳이랍니다.

뉴턴이 고심 끝에 내놓은 아이디어는 은화 테두리에 미세한 홈을 파서 마치 톱니처럼 만드는 것이었어요. 톱니를 긁거나 깎아내면 바로 눈에 띄므로, 톱니 모양의 주화가 등장한 이후로는 주화를 깎는 사람이 사라졌다고 해요. 수백 년 동안 해결하지 못했던 범죄를 천재 같은 아이디어로 단번에 해결한 거죠. 이후 각국은 동전 테두리를 톱니처럼 만들기 시작했답니다.

이 전통은 지금까지 이어지고 있어요. 우리나라 동전을 비롯해 세계 모든 나라의 동전 테두리는 다 톱니처럼 파여 있지요. 우리나라 100원 동전에는 110개, 500원 동전에는 120개의 톱니가 파여 있답니다.

금융 교육 지도자를 위한 페이지
[돈 불리기]-투자, 주식(투자 의미)

□ 2020 개정 금융교육 표준안 (금융감독원) 관련 내용

- 투자의 개념과 필요성을 이해한다.

금융 자산의 증대를 위해 금융 자산을 투입하는 행위인 투자를 미래 수익의 증대라는 관점에서 그 필요성을 파악하는 것에 주안점을 둔다.

- 투자와 저축의 공통점과 차이점을 설명할 수 있다.

투자와 저축 모두 미래의 생활을 목적으로 한 금융 활동이라는 점에서 공통점을 갖지만, 저축이 소비하지 않고 남겨둔 돈이라면, 투자는 재산을 증식시키기 위한 적극적인 노력이라는 측면에서 개념적 차이가 있다는 점을 이해하도록 한다.

□ 주요 내용1: 투자의 의미

- 사람들은 누구나 이왕이면 보유하고 있는 돈을 크게 불리고 싶어 함

- 이러한 목적으로 금, 주식, 채권, 부동산 등의 가격 상승을 기대하고 저렴할 때 산 후 가격이 상승한 후에 되팔아 차익을 남기는 방식으로 돈을 불리는 행위가 투자임
- 선택이 옳거나 가격이 예상한 대로 변동하면 많은 이익을 실현하고 돈을 크게 불리는 데 성공할 수 있지만, 반대의 경우에는 투자한 원금에 손실이 발생해서 오히려 돈을 잃어버리는 위험도 있음
- 투자 의사결정은 매우 신중하게, 전문적인 지식을 지니고 해야 함. 돈을 불리려는 욕심만 내세우다가는 이익은커녕 커다란 손실로 이어질 위험이 큼

□ 주요 내용2: 저축과 투자의 비교
- 저축과 투자의 공통점
둘 다 더 많은 돈을 모으고 미래에 더 많은 소비를 하기 위해서 현재의 소비를 줄이는 행위라는 점에서 공통됨
- 저축과 투자의 차이점
*원금 보장 측면에서, 저축은 은행이나 우체국 등의 금융회사에서 원금을 보장해주지만 투자는 원금이 보장되지 않음
*수익 측면에서, 저축은 정해진 이자율에 따라 약속한 이자를 지급받을 수 있지만, 투자는 정해진 수익률이 없으며 투자 자산의 가격 변화에 따라 수익률이 결정되고 수익률이 마이너스가 될 수도 있음
*지식 측면에서, 저축에는 많은 전문 지식이 필요하지 않지

만 투자를 위해서는 관련 전문 지식이 많이 필요함

□ 주요 내용3: 주식의 이해
- 투자할 수 있는 상품으로 금 같은 귀금속, 주식, 채권, 부동산, 가상화폐 등 다양하게 있지만, 대표적으로 주식을 생각할 수 있음
- 주식은 주식회사의 소유권을 나타내는 증서로서, 주식을 구입한 투자자는 해당 주식회사의 주주가 됨
- 주식회사의 경영 실적, 미래에 예상하는 실적이나 성장 가능성 등에 의해서 주식의 가격인 주가가 수시로 변화함
- 주가가 저렴할 때 구입한 후 주가가 상승한 후 팔아 그 차익을 수익으로 얻는 방법이 주식 투자임
- 주식 투자는 잘 하면 많은 수익을 벌 수 있지만 주가의 변동이 심해 원금 손실이 자주 발생하는 등 매우 위험함
- 주식 투자는 매우 신중하게 해야 하며 투자를 위해서는 많은 전문 지식이 필요함

□ 생각해보기: 저축이 좋은가요, 아니면 투자가 좋은가요?
- 저축과 투자 가운데 어느 하나가 다른 것보다 좋다 나쁘다를 단정 지어 말할 수 없음
- 안전성과 수익성 두 가지가 모두 우수한 것은 없기 때문임. 안전하면서도 수익성이 좋은 방법을 희망하지만, 이 세상에 그런 금융 상품은 존재하지 않음

- 저축은 원금이 안정적으로 보장되므로 안전성이 뛰어나지만 수익성이 상대적으로 투자보다 낮음
- 투자는 저축보다 상대적으로 수익성이 뛰어나지만 원금 손실 위험이 있으므로 안전성에서 떨어짐
- 그러므로 자신이 갖고 있는 돈의 용도, 재산의 크기, 돈 운용 목적, 투자 관련 지식 등 다양한 요인을 종합적으로 고려해서 본인의 책임하에 저축을 할 것인지, 아니면 투자를 할 것인지를 결정해야 함
- 자금을 적당히 나누어 일부는 저축하고 일부는 투자하는 방법이 있음
- 저축과 투자 비율은 본인의 판단에 따라 선택해야 함

일곱 번째 시간
돈 지키기

돈, 누가 훔쳐가지?

초대하지 않은 손님 **'위험'**을 만날 때

살다 보면 뜻하지 않게 질병에 걸리거나 사고를 당하기도 해. 자전거나 에스보드를 타다가 넘어져 다치기도 하고, 학교 운동장에서 농구를 하다가 손목을 다칠 수도 있어. 놀이터에서 친구들과 놀다가도 실수해서 부상을 당하기도 해. 이처럼 예상하지 못했던 나쁜 일이 생길 수 있는 어떤 상황을 **위험**이라고 해.

우리는 누구나 매일 크고 작은 위험과 마주쳐. 어른이라고 예외는 아니야. 다만 어른이 되면 어떤 위급한 일과 마주했을 때 해결하는 능력이 좋아질 뿐이지. 우리가 일상에서 만나는 위험은 크게 두 가지로 구분해볼 수 있어.

(1) 목숨이나 신체와 관련된 위험
사람의 목숨을 위협하거나 신체에 부상을 가하는 위험이

야. 병에 걸리거나 사고로 부상을 당하거나 해서 목숨을 잃을 수 있는 위험을 말해. 예를 들어 암이 발생하면 자칫 목숨을 잃을 수 있잖아. 자동차 추돌 사고가 났을 때도 심하면 사망할 수도 있어. 코로나 같은 바이러스나 전염병도 신체나 목숨을 위협하지.

(2) 재산과 관련된 위험

두 번째 종류의 위험은 재산에 손실을 주는 위험이야. 사람의 신체에는 직접 위험을 가하지 않지만, 재산에 피해를 주는 위험이지. 예를 들어 홍수가 나거나 집에 불이 나면 집이 파손되고 가구나 전자제품 등 재산 피해도 발생해. 자동차 운전 중에 실수로 벽을 들이받으면 벽이 파손되고 자동차도 부서지겠지. 스마트폰을 떨어뜨려 화면이 깨지는 것도 재산과 관련된 위험이야.

어떤 사람에게 위험이 발생하면 어떻게 될지 생각해봐. 몸이 아프거나 움직임이 자유롭지 못하게 되면 정말 불편하겠지? 그런데 불편한 게 전부가 아니야. 치료를 받거나 수술을 받으려면 돈이 많이 들어가. 스마트폰 액정 하나 교체하는 데도 돈이 들고, 자동차를 수리하는 데도 돈이 들잖아? 위험은 우리의 안전을 해칠 뿐 아니라 경제적으로 큰 손실을 가져온다는 뜻이지.

힘들게 번 돈을 이리저리 아껴가며 저축하고 있는데, 위험이 발생하면 예상하지 못했던 큰돈 쓸 일이 생긴다는 거야. 이런 일을 당한 사람들은 대개 '○○○ 때문에 돈을 날렸어'라거나 '○○○로 돈을 빼앗겼어' 같은 생각을 하게 마련이지. 힘들게 벌고 아껴 써서 겨우 모은 돈인데, 얼마나 속상하겠어?

그래서 누구나 평소에 위험에 대비하는 습관을 길러야 하는 거야. 힘들게 일해서 번 돈이 갑자기 사라지는 일을 막아야 한다는 뜻이지. 돈을 벌고 모으는 일도 중요하지만, 그 돈을 잘 지키는 일도 정말 중요해. 튼튼한 금고 안에 보관해서 도둑이 훔쳐가는 것을 막자는 뜻이 아니야. 위험 때문에 예상에도 없던 많은 돈을 한꺼번에 써야 하는 일을 예방하자는 뜻이지.

돈을 지키는 비법이 있을까?

이제 돈을 지키는 비법을 배워볼까?

누구든 위험을 피하고 싶어 해. 이왕이면 안전한 일을 하고 싶어 하고, 안전하게 출퇴근하고 싶고, 여러분 같은 나이엔 안전하게 놀 수 있는 곳을 더 선호하잖아. 물론 다른 사람보다 모험을 즐기거나 위험한 일을 자주 하는 사람도 있지만, 이들도 위험 자체를 즐기는 건 아닐 거야. 행글라이더를 타는 사람이나 암벽 등반을 즐기는 사람도 추락 사고가 나기를 바라진 않으니까.

모든 사람이 위험을 싫어하지만 살다 보면 어쩔 수 없이 이런저런 위험에 노출될 수밖에 없어. 위험은 예상하지 못한 순간에 불쑥 찾아오거든. 사소한 위험이라면 그럭저럭 해결할 수 있지만, 엄청난 위험이 발생하면 돈이 많이 필요해져.

암에 걸린 사람을 생각해봐. 요즘은 의학 기술이 좋아져서 암도 제때 수술을 받고 항암 치료를 잘 하면 충분히 극복할 수 있어. 그런데 암이라는 위험은 무사히 극복한다 하더라도 그 과정에서 평생 모은 돈의 상당 부분을 써버리게 될 만큼 비용이 많이 들어. 모아놓은 돈이 별로 없는 사람이라면 빚을 져야 하지. 이렇게 되면 몸도 아픈데 빚까지 지게 되어 남은 인생이 더욱더 힘들어지겠지? 노후 생활이 곤란해질지도 몰라.

소중하고 아까운 자신의 돈을 지키고 보호하려면 언제 닥칠지 모르는 위험에 대비해 놓아야 해. 소중한 돈이 하루아침에 지갑에서 사라지지 않도록 말이야.

제일 좋은 방법은 위험이 발생하지 않도록 매사 조심하는 거야. 그러나 여기엔 한계가 있어. 화재 위험을 피하려고 24시간, 1년 내내 집 안에 머무르며 집 곳곳을 감시하고 있을 수는 없잖아? 자동차 사고가 나는 위험을 피하려고 매일 걸어서만 다닐 수도 없고.

정상적인 생활을 하면서 조심에 조심을 거듭하고, 안전 또 안전이라는 생각으로 지내도, 사고는 순식간에 발생해. 오죽하면 떨어지는 낙엽도 조심하라는 말이 있겠어? 전지전능한 신이 아니라면 위험을 완벽하게 피하거나 예방할 수 없다는 말이겠지.

그래서 필요한 게 **보험**이야. 보험이라는 말은 위험으로부터 보호한다는 뜻인데, 예상하지 못한 위험이 발생했을 때 돈의 손실을 보상해주는 역할을 하는 게 보험이야. 그리고 보험을 파는 금융회사를 보험회사라고 해. 보험회사는 사람들에게 자주 발생하는 각종 위험에 대비할 수 있게 여러 가지 보험 상품을 만들어 팔고 있어. 보험에 가입한 사람들은 매월 약간의 **보험료**를 내. 보험회사는 많은 가입자로부터 보험료를 거두어 모아 두었다가 어떤 가입자에게 위험이 발생하면 약속한 **보험금**을 지급해서 경제적 곤란함을 피할 수 있게 도와주지.

비록 위험이 자신에게 발생하는 것은 피하지 못했지만, 그로 인해 발생하는 많은 돈의 지출을 보험 덕분에 피할 수 있는 거야. 이처럼 보험에 가입하면 적은 돈으로 위험에 대비할 수 있게 되니, 꽤 괜찮은 방법이라고 볼 수 있겠지?

누이 좋고 매부 좋은 게 보험이야

보험이 어떻게 사람들이 돈을 지키는 데 도움을 주는지 간단히 알아보자.

학교에서 한 학년 100명이 근처에 있는 문화재로 현장체험학습을 다녀온다고 생각해봐. 지금까지 매년 같은 곳에 갔는데, 다녀올 때마다 학생 100명 가운데 1명꼴로 부상을 당했어. 치료비로 10만 원가량 들었고. 현장체험학습을 다녀오느라 부상까지 당했는데 치료비도 10만 원이나 들다니, 아깝고 억울하겠지?

이런 일을 유심히 관찰하던 어느 보험회사가 '현체보험'이라는 것을 고안해 팔기 시작했어. 한 사람당 1,200원을 내면 누가 부상당하더라도 치료비를 전액 보상해주겠다고 약속하는 보험 상품이야. 그래서 100명의 학생이 보험료로 1,200원씩을 내고 이 보험에 가입했어. 보험회사가 걷은 전체 보험료 수입은 12만 원(=100명 × 1,200원)이지?

이번에도 현장체험학습을 다녀왔는데, 아니나 다를까 한 명이 다리를 다쳤어. 치료비로 10만 원이 나왔는데, 이때 보험회사는 학생들에게서 거두어놓은 12만 원 가운데 10만 원을 부상당한 학생에게 보험금으로 내줬지. 덕분에 이 학생은 10만 원의 치료비를 자신이 부담하지 않고 치료받게 되었어.

이게 바로 보험이야. 보험에 가입하면 사고 발생으로 인한 큰돈의 지출을 피할 수 있어. 물론 공짜는 아니지. 보험료 1,200원을 냈으니까. 그렇지만 치료비 10만 원에 비하면 1,200원은 그리 부담스럽지 않은 돈이잖아? 보험회사는 '현체보험'을 팔고 2만 원의 이윤을 얻게 되었으니, 가입자도 좋고 보험회사도 좋은, 이른바 '누이 좋고 매부 좋은' 일이 된 거지.

나머지 99명의 학생은 손해를 본 거라고 생각하는 친구들도 있을 거야. 돈 1,200원이 아깝다고, 괜히 냈다고 생각하는 친구도 있을지 몰라. 그러나 조금 다르게 생각해보자. 나머지 학생 99명은 1,200원을 내고 현장체험학습을 편안한 마음으로 즐겁게 다녀올 수 있었잖아? 만약 '현체보험'에 보험료 1,200원을 내지 않고 현장체험학습을 갔더라면 온종일 "혹시 내가 부상당하면 어쩌지?" "치료비가 많이 나오면 큰일인데" 하면서 불안감에 떨었을지 몰라. 보험료 1,200원은 이런 불안감을 잊고 가벼운 마음으로 현장체험학습을 다녀올 수 있게 도와준 대가인 셈이야. 비록 1,200원을 냈지만 그만한 값어치를 충분히 한 거 아니겠어? 더욱이 자신이 낸 보험료가 허투루 쓰인 것이 아니라, 친구의 치료비에 쓰였으니 보람도 있고 말이야.

　보험은 상호부조의 정신을 담고 있어. 상호부조란 '서로가 도움을 보탠다'는 뜻인데, 어떤 사람이 뜻하지 않은 재난을 당했을 때 주위 사람들이 공동으로 노력해서 도와주는 것을 말해. 참 좋은 일이지?

보험이 생겨난 역사

보험이 정확하게 언제 생겼는지, 누가 만들었는지는 분명하지 않아. 로마 시대에는 여러 명으로 구성된 조합이 있었다고 해. 이 조합은 매월 일정 금액을 조합원에게서 거두어두었다가 조합원이 사망할 경우 장례비용을 내주고 유족의 생활비도 지급해주었대. 오늘날 보험이 하는 일과 매우 비슷하지?

보험에 대한 필요성이 본격적으로 제기된 것은 15~16세기즈음이야. 유럽의 여러 나라들이 앞다투어 새로운 바닷길을 개척하고 새로운 땅을 찾아 나서던 대항해 시대였지. 적어도 몇 달, 보통은 몇 년이 걸렸던 긴 항해 도중 많은 배가 침몰하는 일들이 자주 발생했어. 지금처럼 철로 만든 배를 운항한 것도 아니고, 태풍이 올지 쓰나미가 올지 알 수 없었던 시절이었잖아. 그 뿐이야? 곳곳에 악명 높은 해적까지 들끓었던 시기잖아.

해상 무역을 하는 상인들은 배에 전 재산을 투자했어. 운이 좋아 배와 물건이 항구에 무사히 도착하면 엄청난 돈을 벌었지만, 반대로 운이 나빠 배가 침몰하거나 해적을 만나면 전 재산을 잃곤 했어. 그러니 전 재산을 잃은 상인에 대한 보상 같은 것이 있으면 좋겠다고 생각하기 시작한 거야.

그래서 상인들은 조금씩 돈을 내서 모아 두기로 했어. 배가 침몰하거나 해적에게 물건을 빼앗기면 모아 두었던 돈으로 보상해서 피해를 본 상인이 다시 일어설 수 있도록 돕자는 의미였지. 사람들은 바로 이런 행동에서 오늘날과 같은 보험이 시작되었다고 생각해. 이른바 **해상 보험**이 보험의 원조 격인 셈이지.

17세기 런던에 엄청난 재앙이 닥친 적이 있어. 빵 공장에서 시작된 불이 런던 시내로 번져 대화재가 발생한 거야. 당시 대부분의 집이 나무로 지어졌고 소방 시설이 제대로 갖추어져 있지 않아 불은 5일 동안 계속되었고 런던 시내 집 10채 가운데 8채를 태워버렸어. 상상이 되니? 이후 런던은 돌과 벽돌로 집을 짓기 시작했어.

대화재를 교훈 삼아 런던 시민들은 혹시나 또 올지 모르는 위험에 대비하려고 **화재 보험**을 만들었어. 혹시 화재가 발생하면 피해 금액을 보상해주는 보험이었지. 이 보험은 엄청난 인기를 끌었고, 이를 본받아 영국에는 많은 보험회사가 생겨났어. 새로운 보험 상품도 연달아 탄생했고 말이야.

돈을 **돌려주지 않는 보험**도 있어

자동차 보험은 자동차를 운전하는 사람들이 가입하는 보험이야. 자동차가 충돌로 부서지거나 다른 사람을 다치게 했을 때 보험금이 지급되는 거지. 모든 운전자는 자동차 보험에 가입해서 보험료를 내야 해. 부모님도 당연히 자동차 보험에 가입해 있을 거야.

운전자 대부분은 1년 동안 한 번도 사고를 내지 않아. 그렇다면 사고를 내지 않았으니 1년 동안 낸 보험료를 돌려받을 수 있을까? 아니, 그건 불가능해. 보험료가 아까워서 자동차 보험에 가입하지 않겠다고? 큰일 날 소리!

이렇게 생각해봐. 1년 치 보험료로 50만 원을 낸 운전자가 있어. 보험료를 낸 돈이 아까우니까 사고를 내서 보험금을 받으면 좋겠다고 생각할까? 절대 아니지. 사고가 나면 운전자도 부상당해 병원에 입원해야 할 수도 있잖아? 만에 하나 가족과 함께였다면 가족도 피해를 입고. 자동차 사고가 나는 걸

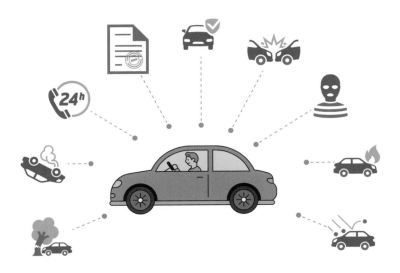

ⓢ 자동차를 타고 다니는 동안 일어날 수 있는 여러 위험에 대비해주는 자동차보험

바라는 사람은 하나도 없어. 보험에 가입했더라도 사고가 나지 않는 쪽이 더 좋은 거지.

하지만 사람의 일은 알 수 없으니, 혹시 잘못되어 사고가 났다고 해도 자동차 보험 가입자는 안심해도 좋아. 보험회사가 모든 비용을 대신 내주거든. 이렇게 생각하면, 이미 낸 보험료가 아깝지 않지?

보험은 저축이 아니라는 점을 명심해야 해. 우선 보험은 자신이 낸 돈(보험료)을 돌려주지 않는다는 걸 이해해야 하지. 요즘은 보험의 종류가 워낙 많아져서 일정 기간이 지나면 보험료 가운데 일부를 돌려받을 수 있는 상품도 생겨났어.

보험료가 아깝다고 보험을 멀리하면 안 돼. 감당하기 어려운 피해가 발생할 때 재산을 지켜주는 게 보험이거든. 돈을 아끼려고 보험료까지 아끼다가는 큰코다치는 일이 벌어질걸?

그렇다고 해서 무작정 보험을 많이 가입하는 것도 현명하지 않아. 보험료가 많이 나가 생활에 부담이 되면 보험을 드는 의미도 없지. 자신이 감당할 수 있을 만큼 잘 알아보고 보험에 가입해야 해. 만약 중간에 보험료를 내지 못하거나 보험을 해지하게 되면, 그동안 자신이 낸 보험료보다 훨씬 적게 돌려받거나 아예 한 푼도 돌려받지 못하게 되거든. 그러니 어떤 보험에 가입할지를 신중하게 생각해야겠지?

가장 좋은 방법은 자신에게 발생할 가능성이 커 보이는 위험이 무엇인지 생각해보는 거야. 어떤 일을 하는지, 몸의 어디가 특히 기능이 약한지, 나가서 하는 운동을 좋아하는지, 악기를 다루는지 등등 자신의 성격과 활동, 상황 등을 꼼꼼하게 체크해보고 보험에 가입해야 해. 부모님께서는 어떤 종류의 보험에 가입해 있는지 한번 여쭤볼래?

보험의 종류를 알아볼까?

우리의 생활을 위협하는 위험의 종류는 무척 많아. 모든 종류의 위험을 한꺼번에 보장해주는 보험이 있다면 좋겠지만, 그런 만능 보험은 아직까지 이 세상에 없어.

보험회사는 사람들에게 특히 많이 발생하고, 사람들의 걱정이 큰 위험을 골라서 거기 대비하는 보험을 만들어 팔고 있거든. 사람들의 걱정이 다양한 만큼 보험의 종류도 매우 많아. 다행히 보험의 이름만 들어도 그것이 어떤 종류의 위험에 대비하려는 보험인지를 쉽게 짐작할 수 있어. 몇 가지 종류의 보험을 살펴볼까?

먼저 사람의 목숨이나 사람에게 발생하는 질병이라는 위험에 대비하는 보험부터 알아보자. **생명 보험**은 사람이 사망할 때 보험금을 보상해주는 보험이야. **질병 보험**은 암이나 뇌졸중 등 특정한 병에 걸렸다는 진단이 내려지면 일정한 금액을 보상해주는 보험이지.

다음으로 재산에 발생한 피해를 보상해주는 데 목적을 두는 보험이 있어. 화재 보험, 자동차 보험, 해상 보험 같은 것이지. 화재 보험은 집, 사무실, 공장 같은 건물에 불이 났을 때 입은 손해를 보상해주는 보험이야. 해상 보험은 항해에 따르는 각종 사고로 인해 발생한 손해를 보상해주는 보험으로서 해운업이나 무역업을 하는 회사가 주로 가입해. 자동차 보험은 자동차를 운행하는 동안 발생하는 각종 사고로 인한 피해를 보상해주는 보험이고.

이게 다가 아니야. 교육 보험, 여행자 보험, 실손 의료 보험, 보증 보험 등 보험 상품은 끝이 없을 만큼 종류가 많아. 그만큼 요즘 세상에 위험 요소가 많다는 뜻이겠지? 교육 보험은 부모들이 자녀의 중학교, 고등학교, 대학교 진학이나 졸업 시 축하금을 주거나 등록금을 보조해주려는 목적으로 주로 가입해. 여행자 보험은 해외여행 도중에 일어날 수 있는 부상, 질병, 스마트폰 도난 등의 위험에 대비하는 보험이고. **실손 의료 보험**은 병에 걸리거나 다쳐서 치료받거나 입원할 경우 환자가 실제 부담한 의료비만큼 보장해주는 보험이야.

조금 더 이색적인 보험도 있어. 골프를 즐기는 사람들에게 발생하는 각종 사고에 대비하는 골프 보험, 행글라이더 등 레저 스포츠를 즐기는 사람들을 위한 레저 보험 같은 것들이지.

와, 대단하지? 보험 종류는 어른들도 다 외우지 못할 정도로 많아. 그러니 모든 종류의 보험에 가입하는 것은 불가능하겠지? 자신에게 어떤 위험이 발생할 가능성이 큰지를 잘 따져서 그런 위험에 대비할 수 있는 보험을 선택하는 것이 가장 현명한 방법이야.

아주 특이한 보험에 가입하는 사람이 더러 있어. 성대가 생명인 가수나 성악가가 가입하는 성대 보험이 대표적인 예야. 이렇게 목소리가 재산인 사람에겐 목소리를 보호하는 것만큼 중요한 건 없으니까. 예쁜 다리나 손을 다칠 경우 보상받는 다리 보험이나 손 보험도 있지. 이처럼 보험회사들은 서로 자기 회사의 보험 상품에 사람들이 가입하게 만들려고 치열하게 경쟁해.

지금까지 얘기한 보험들은 모두 개인이 자신에게 일어나는 위험에 대비하려고 스스로 가입하는 보험이야. 보험에 가입하든지 말든지를 본인의 판단에 맡기는 거지. 그런데 원하든 원하지 않든 강제로 가입해야 하는 보험도 있어. 바로 나라가 만든 보험이야.

나라가 만든 보험은 국민을 위한 거야

보험에 가입할지 말지를 전적으로 개인의 판단에 맡기다 보면 심각한 문제가 생겨나. 돈이 많은 사람은 온갖 보험에 가입해서 위험에 충분히 대비할 수 있지만, 보험료를 낼 돈이 없는 사람은 보험에 가입하지 못해 위험이 발생하면 속수무책이 되거든. 이 세상에 병에 걸리지 않는 사람은 없어. 보험에 가입하지 못한 탓에 아픈 몸을 치료받지 못한다면 이보다 불행한 일은 없을 거야.

그래서 나라에서는 몇 가지 기본적인 위험에 대비하는 보험을 만들어 직접 운영하지. 나라가 법을 만들어 모든 국민이 의무적으로 가입하도록 하는 거야. 즉 소득이 적은 사람도 예외 없이 가입해야 하는데, 자신의 소득에 따라 보험료를 다르게 낼 수 있어. 소득이 적은 사람은 보험료를 적게, 소득이 많은 사람은 보험료를 많이 내는 거야.

의무적으로 보험에 가입하게 한다니까 개인의 자유를 침해한다고 생각할 수 있지? 그래서 공공의 복지를 위해 반드시 필요하다고 생각하는 위험에 대해서만 나라가 직접 보험을 운영해. 우리나라가 만들어 운영하고 있는 **사회보험**에는 다섯 가지가 있어.

(1) 국민연금

돈 없이 늙을 위험에 대비하는 보험이야. 늙음을 피할 수 있는 사람은 없어. 젊어서 일할 때 보험료를 내고 은퇴하면 연금을 받아 노후에도 안정적인 생활을 유지할 수 있도록 정부가 이끄는 거야.

(2) 고용 보험

직장을 다니다 일자리를 잃으면 소득이 없어지고 생계유지가 힘들어져. 이때 생활비를 받을 수 있도록 보장해주는 보험이야. 실업자가 되더라도 보험금이 나오므로 생활 유지에 도움이 되겠지?

(3) 건강 보험

병에 걸렸을 때 치료비, 입원비, 약값 등을 보조해줘서 치료를 받을 수 있게 해주는 보험이야. 누구나 안심하고 병원을 찾고 치료를 받아 건강한 삶을 유지하도록 해주는 고마운 보험이지. 우리나라의 건강보험의 질은 세계 최고 수준이래.

(4) 산재 보험

직장에서 일하다 다치거나 사고로 사망하면 치료비와 보상금을 지급해주는 보험이야. 직장에 머무는 시간이 길다 보니 언제 어떻게 사고가 발생할지 모르잖아? 그런 불상사에 미리 대비하는 것이지.

(5) 노인 장기 요양 보험

혼자 힘으로 일상생활을 하기 어려운 노인에게 활동을 지원해주는 보험이야. 혼자서 움직이기 힘든 노인은 식사조차 하기 어려우므로 나라에서 파견한 분들이 조리를 해주고 식사할 수 있도록 도와줘. 이 외에 목욕, 세탁, 청소, 간호, 상담 등 여러 가지 서비스를 노인에게 제공해.

나라가 운영하는 사회보험

- 국민연금
- 고용 보험
- 건강 보험
- 산재 보험
- 노인 장기 요양 보험

애지중지해야 하는 개인 정보

요즘 개인 정보 관리에 신경이 많이 쓰이지? 보이스피싱이니 해킹이니 문제가 많잖아. 디지털사회로 갈수록 개인 정보를 안전하게 간직하는 일이 더욱더 중요해지고 있어. 개인 정보란, 이름, 생일, 주민등록번호, 주소, 휴대전화번호, 이메일 주소, 학교 이름, 학교 성적 같은 것을 말해. 온라인 게임을 하려고 만든 아이디와 비밀번호도 당연히 중요한 개인 정보야. 한마디로 나와 다른 사람을 구분하는 정보지.

금융회사와 거래하려면 자신에 대한 **개인 정보**를 금융회사에 알려줘야 해. 금융회사는 손님과 돈이 오고 가는 거래를 하게 되므로 당사자인지, 아니면 다른 사람이 몰래 거래하는 것은 아닌지 반드시 확인해야 하거든.

개인 정보를 소중하게 보관하지 않으면 끔찍한 일이 일어날 수 있어. 스팸 메일이 대표적이야. 스팸 메일의 괴롭힘을 겪어보지 않은 친구는 아마 없을걸? 자신의 이메일 주소가 유출된 탓이지. 원하지 않는 내용의 메일을 끊임없이 받게 되는데, 지우고 지워도 끝이 없을 정도야.

개인 정보로 인한 문제가 이 정도라면, 그래도 참을 만해. 다른 사람이 개인 정보를 훔쳐가 통장에 있는 돈을 훔치는 **금융 사기**도 가능해지는 게 큰 문제지. 자신도 모르는 사이에 누군가가 은행에서 대출받아 돈을 빼돌릴 수도 있고 몰래 신용 카드를 발급받아 사용할 수도 있거든. 실제로 이런 일이 자주 발생하고 있고 이로 인한 피해가 엄청나. 자신이 빌리지도 않은 돈을 개인 정보 도용 때문에 대신 갚아야 한다면, 사용하지도 않은 신용 카드 요금을 내야 한다면, 청천벽력 같은 일이잖아? 누군가가 몰래 내 휴대전화로 게임 아이템을 구입해서 수십만 원의 결제 대금이 나오는 경우도 봤어.

개인 정보를 목숨처럼 아끼고 보호하는 습관을 지녀야 하는 까닭이 여기에 있어. 개인 정보는 친구에게도 심지어 가족에게도 함부로 말해주면 안 돼. 개인 정보를 잘 보호하는 일은 자신의 돈을 안전하게 지키는 또 다른 길이니까.

개인 정보가 다른 사람에게 유출되는 경로는 다양해. 이런 경로를 이해하고 있으면 개인 정보를 안전하게 지키는 데 도움이 될 거야. 한번 알아볼래?

(1) 친구에게도 말하면 안 돼

무심코 친구에게 개인 정보를 말하는 경우가 있어. 친구에게 말하는 과정에서 다른 사람이 들을 수도 있고, 어떤 친구는 남의 이름으로 게임 사이트에 가입하는 잘못을 저지르기도 해. 그러니까 개인 정보는 아무에게도 알려주지 마.

(2) 우편물을 함부로 버리지 마

개인 정보가 적힌 우편물을 통해서 유출되는 경우가 있어. 집으로 온 우편물 봉투나 속에 들어 있는 내용물을 무심코 버리는 사람이 많은데, 이건 큰 실수를 하는 거야. 그 안에는 여러 가지 개인 정보가 들어 있어서 그것들을 모으면 금융 사기를 할 수 있는 충분한 정보가 되거든.

(3) 장기간 사용하는 비밀번호를 바꿔

비밀번호를 오랫동안 바꾸지 않는 사람이 많은데, 이게 문제를 일으켜. 비밀번호를 잘 간수한다고 하더라도 같은 것을 오래 사용하다 보면 아무래도 다른 사람에게 알려지기 쉽거든. 그러므로 비밀번호는 가끔 바꿔주는 게 좋아.

(4) 한곳에 모아 두면 위험해

개인 정보를 한곳에 기록해놓는 것도 위험해. 실수로 기록해놓은 공책이나 스마트폰을 잃어버리면 개인 정보가 순식간에 유출되거든.

(5) 공공장소에서는 조심해야 해

공공장소에서 아이디와 비밀번호를 입력할 때 다른 사람이

⑤ 개인정보 보호는 아무리 강조해도 지나치지 않아.

보는 경우도 있어. PC방 같은 곳에서는 특히 조심해야겠지? 또한 PC방에서 깜빡 잊고 로그아웃을 하지 않은 채 자리를 떠나지 않도록 주의해야 해.

(6) 함부로 다운로드나 링크를 접속하지 말아

출처가 확실하지 않은 자료를 다운로드하거나 링크를 접속할 때 개인 정보가 유출될 수 있어. 이런 자료를 다운로드하는 순간 악성 코드에 감염되고 개인 정보가 쥐도 새도 모르게 빠져나가거든.

알아두면 쓸모 있는 돈 이야기
개인 정보를 보호하는 방법

우리나라는 개인 정보를 보호하려고 <개인 정보 보호법>을 만들고, 개인정보보호 포털 사이트도 열었답니다. 많은 어린이가 온라인 게임이나 모바일 게임을 즐기고 있어요. 게임을 즐기는 것은 좋은데, 게임을 하다 보면 실수로 또는 흥분해서 자신의 개인 정보를 다른 사람에게 무심코 넘기는 경우가 있어요. 개인정보보호 포털은 온라인 게임 할 때 특히 다음 사항을 주의하라고 당부하고 있어요.

1. 누군가 운영자를 사칭해서 개인 정보를 요구하는지 주의해요

온라인 게임 운영자는 게임 이용자의 개인 정보를 알려달라 요구하지 않아요. 무턱대고 다른 사람에게 개인 정보를 알려주면 캐릭터를 삭제하거나 아이템을 훔쳐갈 수 있어요.

2. 아이템 사기에 주의해요

아이템을 복사해줄 테니 바닥에 잠시 떨구라고 하거나, 캐릭터를 잠시 빌려달라며 아이디와 비밀번호를 요구하는 경우 이에 절대로 응하면 안 돼요.

3. 아이디와 비밀번호를 분실했을 때 고객센터에 신고해요

가입할 때의 아이디와 비밀번호를 분실하는 경우가 있어요. 이때는 게임의 고객센터에서만 찾아줄 수 있으므로 고객센터에 신고해서 도움을 받아야 해요.

4. 보안 프로그램을 설치하고 주기적으로 점검해요

컴퓨터의 보안 취약점을 악용해 개인 정보를 빼갈 수 있으므로 항상 보안 프로그램을 최신 것으로 설치해야 해요.

출처: 개인정보보호 포털(www.privacy.go.kr)

조심하고 또 **조심**해야 하는
전화 금융 사기

요즘 스마트폰을 사용하지 않는 사람이 없어. 그러다 보니 스마트폰을 이용해 개인 정보를 빼내거나 돈을 보내게 해서 가로채는 범죄가 매년 늘어나고 있지. 이러한 전화 금융 사기는 수법이 갈수록 새로워지고 치밀해져서 알면서도 당하기 쉬워. 정신을 똑바로 차리지 않으면 누구나 **전화 금융 사기**의 희생양이 될 수 있다는 말이야.

물론 돈이 많지 않은 어린 학생을 대상으로 돈을 가로채는 금융 사기를 하지는 않아. 하지만 지금부터 미리미리 금융 사기 수법을 알아두어야 나중에 피해를 보지 않을 수 있겠지? 부모님이 당하는 것을 막아드릴 수도 있고.

우선 개인 정보를 묻는 전화가 오면 무조건 의심해. 금융회사, 경찰, 금융감독원 등의 직원이라며 개인 정보를 요구하는 것은 모두 사기야. 공공기관은 전화를 걸어 주민등록번호, 계

ⓢ 보이스피싱을 당하지 않는 방법을 미리 익혀두어야 해.

좌 번호, 비밀번호 같은 개인 정보를 묻지 않아, 절대로. 이런 것을 묻는 전화를 받으면 반드시 의심하고 조심해야 해.

요즘은 첨단 기계를 사용해서 스마트폰 창에 금융회사나 공공기관의 이름이 뜨도록 조작하기도 해. 전화를 받는 사람이 공공기관에서 건 전화라고 착각하게 만드는 거지.

실수로 개인 정보를 알려주었다면, 바로 은행을 방문해서 이 사실을 말하고 돈이 빠져나가지 않도록 조치를 취해야 해. 그리고 회원으로 가입한 사이트에서 비밀번호를 빨리 수정해

버려.

　전화로 계좌에서 돈을 이체하라고 요구하든지, 현금으로 찾아놓으라고 하는 것 역시 금융 사기의 대표적인 수법이야. 공공기관이 이런 요구를 하는 일은 절대 없으므로 이런 요구를 하는 전화는 모두 금융 사기라고 보면 돼.

　친구나 가족의 이름을 빙자해서 메신저로 돈을 요구하는 금융 사기도 있어. 돈을 요구하는 메신저를 받으면 반드시 전화해서 친구나 가족이 보낸 메신저가 맞는지 확인을 먼저 해. 메신저를 통해서도 개인 정보가 유출될 수 있으므로 메신저로 개인 정보를 보내는 일도 피해야겠지?

　금융 사기범이 컴퓨터나 스마트폰에 악성 코드를 심어서 가짜 은행 사이트에 접속하도록 유도하는 범죄도 있어. 이를 모르는 사용자가 가짜 은행 사이트에 접속해서 아이디와 비밀번호를 입력하는 순간, 사기범에게 개인 정보가 고스란히 넘어가는 거지. 그러므로 출처가 확실하지 않은 파일이나 링크는 함부로 클릭하지 말고 바로 삭제하는 게 좋아.

알아두면 쓸모 있는 돈 이야기
비밀이 아닌 비밀번호

다른 사람에게 비밀번호를 말하지 않았음에도, **비밀번호가** 해킹당하지 않았음에도 자신의 비밀번호가 나쁜 사람에게 알려지는 경우가 가끔 있어요. 비밀번호를 너무 쉽게, 또는 너무 단순하게 만든 경우가 그래요.

외우기 쉽게 하려고 비밀번호를 너무 단순하게 만들면, 그만큼 다른 사람이 비밀번호를 짐작하기가 쉬워지기 때문이지요. 그래서 비밀번호는 다른 사람이 전혀 짐작하지 못하도록 만들어야 한답니다. 조금 외우기 힘들어도 그러는 편이 안전해요.

다른 사람이 짐작하기 쉬운 비밀번호 사례를 몇 가지만 함께 볼게요.

(1) 생일을 사용하는 비밀번호는 위험해요

생일은 다른 사람도 비교적 알기 쉬우니까요. 같은 학년이라면 출생연도는 분명히 알 수 있고, 생일 파티를 할 때나 사소한 대화를 나누면서 생일을 자주 말하기 때문이지요. 그러니 생일을 비밀번호로 사용하면 다른 사람이 쉽게 짐작할 수 있겠지요. 예를 들면 7월 12일에 태어난 사람이 비밀번호를 0712로 하면 이건 비밀번호라 말하기 어려워요. 공개번호라 할 수 있지요. 가족의 생일도 마찬가지 이유로 사용하지 않는 게 좋답니다.

(2) 출생지역을 나타내는 비밀번호도 위험해요.

서울에서 태어났다고 영어로 seoul을 포함한 비밀번호를 사용하거나, 대한민국을 뜻하는 korea를 포함하는 비밀번호도 안전하지 않아요.

(3) 연속으로 이어지는 비밀번호도 위험해요

연속으로 이어지는 숫자나 같은 숫자를 반복하는 비밀번호도 다른 사람에게 유출되기 쉬운 비밀번호예요. 1111, 1234, abcd, 1234abcd 같은 것이 여기에 해당하지요. 컴퓨터 자판에서 연속으로 이어지는 비밀번호도 위험하긴 마찬가지예요. qwer, uiop, !@#$ 등이 그래요. 컴퓨터 자판을 자세히 보면 무슨 말인지 이해할 수 있을 거예요.

미국의 어느 인터넷 보안업체가 유출된 비밀번호 500만 개를 분석한 적이 있어요. 여기에서 드러난 최악의 비밀번호가 무엇이었는지 알고 있나요? 123456이에요. 그만큼 이런 비밀번호를 사용하는 사람이 많다는 뜻이지요. 최악의 비밀번호 2등은 password였어요. 이 외에 최악의 비밀번호 상위권에 속하는 것으로는, 12345678, 111111, qwerty, iloveyou, login, admin, welcome, 666666, abc123, 121212 등이었다고 해요. 이 책을 읽는 친구들은 설마 이런 비밀번호를 사용하고 있지 않겠지요.

보안 전문가들은 안전한 비밀번호를 만들려면 영어 대문자와 소문자, 숫자, 특수 기호를 골고루 섞어 사용하라고 권장하고 있어요. 외울 게 많아졌지만, 돈을 지키려면 어쩔 수 없어요.

금융 교육 지도자를 위한 페이지
[돈 지키기]-보험, 연금(보험 의미)

초등 고학년

□ 2020 개정 금융교육 표준안 (금융감독원) 관련 내용

- 생활 속에서 겪을 수 있는 위험의 사례를 제시하고, 이에 대한 대비의 필요성을 이해한다. 초등학생 수준에서 찾을 수 있는 생활 속 위험 사례를 인식하고, 사망, 질병 등 사람에게 발생하는 위험과 화재, 도난 등 재산에 발생하는 위험 등 살아가면서 직면할 수밖에 없는 다양한 위험을 대비해야 하는 구체적인 이유에 대해 생각해보는 데 주안점을 둔다.

- 위험 관리 전략으로서 보험의 기능을 설명할 수 있다. 위험을 대비하는 전략이 필요함을 알고, 예기치 못한 사고에 대비하기 위한 보험의 기능을 이해함으로써 위험 관리 전략을 세울 수 있음을 아는 데 중점을 두도록 한다.

□ 주요 내용1: 생활 속 위험

- 살다 보면 넘어져 다치거나 병에 걸리는 등 육체적·경제적

손실을 겪을 수 있는데 이러한 것을 위험이라고 함. 동네 놀이 터에서 놀거나 심지어 학교에서 체육 활동을 하다가도 실수로 부상을 당할 위험이 있음. 등하굣길에 건널목을 건널 때 자동 차에 부상을 당할 위험도 있음

- 이런 위험을 원하는 사람은 단 한 명도 없지만, 사람이 주 위의 모든 위험을 피할 수는 없음. 누구든지 살다 보면 크고 작 은 위험에 노출되기 마련임. 그러므로 언제 발생할지 모르는 위험에 미리미리 대비하는 지혜가 필요함

- 어떤 위험의 경우에는 해결하기 위해서 많은 경제적 비용 이 필요함. 암에 걸려 수술이 필요함. 건강이 나빠져서 오랫동 안 일을 할 수 없게 됨. 집에 화재가 발생함. 이런 위험이 발생 하면 그동안 모아 놓은 재산을 일순간에 날리게 될 수 있음

□ 주요 내용2: 위험에 대비하는 방법
- 위험에 노출되지 않도록 조심스럽게 행동하는 방법
위험스러운 일을 최대한 자제하고, 매사 행동을 신중하게 해 서 위험이 발생할 가능성을 최소화하는 방법임. 모두 이런 자 세로 살아가야 하지만, 이렇게 행동한다고 모든 위험을 완벽하 게 차단하는 일은 불가능함

- 보험에 가입해서 미리 대비하는 방법
보험회사에서 만든 보험 상품에 가입해서 위험이 발생할 때 경제적 지원을 받는 방법임

- 보험은 가입자가 평소에 소액의 보험료를 보험회사에 내

고, 사고가 발생하면 보험회사가 보험금을 지급해주는 제도임. 가입자가 내는 보험료는 한 사람의 입장에서는 소액이지만, 많은 사람이 내는 보험료가 모이면 매우 큰돈이 됨. 이 돈으로 사고를 당한 가입자를 경제적으로 지원해주는 것이 보험임

□ 주요 내용3: 보험 종류

- 한 가지 보험으로 모든 위험에 대비할 수 있는 상품은 없음. 위험의 종류가 워낙 많으므로 이를 위해서는 보험료가 매우 비싸지고 가입할 수 있는 사람이 많지 않음

- 보험은 주로 보상해주는 위험을 정해 놓고 있으며, 그에 따라 여러 종류의 보험이 있음. 그러므로 자신에게 닥칠 가능성이 많은 위험을 잘 판단해서 보험 상품을 선택 가입해야 함

- 질병보험

건강에 이상이 생겨 많은 치료비나 수술비가 필요할 경우 이를 보상해주는 보험

- 자동차보험

자동차 사고로 인해 부상당한 사람의 치료나 파손된 자동차의 수리비용을 보상해주는 보험

- 화재보험

집, 가게, 건물에 화재가 발생할 경우 그 피해 금액을 보상해주는 보험

□ 생각해보기: 건강보험이 무엇인가요?

- 개인이 질병이나 부상으로 인해 발생할 수 있는 고액의 진료비 부담을 덜어주고 모든 국민이 필요한 의료 서비스를 받을 수 있도록 정부가 책임지고 운영하고 있는 보험이 건강보험임. 건강보험이 없다면 큰돈이 필요한 질병에 걸렸음에도 돈이 모자라 적절한 치료를 받지 못하는 사람이 발생할 수 있음

- 본인의 의사나 경제력에 관계없이 건강보험에 의무적으로 가입해야 함

- 소득이 많은 사람은 보험료를 많이, 소득이 적은 사람은 보험료 적게 내고 있음. 하지만 보험료 부담 수준과 관계없이, 일단 질병에 걸리면 모든 국민이 균등하게 보험 혜택을 누릴 수 있음

금융 교육 지도자를 위한 페이지
[돈 지키기2]-금융 정보, 금융사기

□ 2020 개정 금융교육 표준안(금융감독원) 관련 내용

- 금융생활에서 개인 정보의 중요성을 알고 개인 정보를 보호할 수 있는 다양한 방법을 제시할 수 있다.

금융생활 영위에 있어 개인 정보의 필요성과 중요성을 이해하고, 나아가 개인정보의 유출이 가져올 수 있는 위험성을 충분히 숙지할 수 있도록 하는 것에 주안점을 둔다. 또한 비밀번호나 인증서의 주기적인 관리와 같은 개인 정보를 보호할 수 있는 다양한 방안을 이해하도록 한다.

□ 주요 내용1: 개인 정보 보호의 중요성

- 전화번호, 이메일 주소 등의 노출로 인해 피해를 입은 사례를 확인함으로써 개인 정보 보호의 중요성을 인지함. 스팸 문자, 스팸 메일을 받은 사례와 자신의 경험을 확인하고 그로 인한 정신적 피해를 공유함

- 개인 정보 유출로 인해 금전적 피해를 입은 사례를 확인함으로써 개인 정보 보호의 중요성을 인지함. 뉴스 확인이나 검색을 통해 개인 정보 유출로 금전적 피해를 입은 사례를 조사하고 공유함

□ 주요 내용2: 개인 정보의 이해

- 개인 정보는 다른 사람과 구별되는 개인의 정보임

이름, 주민등록번호, 집 주소, 전화번호, 이메일 주소 등이 모두 개인 정보에 해당함

- 이 외에 금융 거래를 하거나 온라인 게임을 하기 위해서 만든 개인의 아이디, 비밀번호도 매우 중요한 개인 정보에 해당함

- 개인 정보가 다른 사람에게 알려질 경우 여러 가지 피해를 입을 수 있음을 확인함

- 사생활 침해

스팸 문자나 홍보 메시지 등 원하지 않는 내용을 지속적으로 받게 되어 고통을 받음. 인터넷이나 SNS에 자신에 대한 정보가 공개되어 불편을 겪을 수 있음

- 금융사기 피해

자신도 모르게 돈이 인출되어 피해를 볼 수 있음. 불법으로 자신 이름의 통장이 만들어져 범죄에 악용될 수 있음

- 온라인 게임, 웹사이트 등에서 계정 도용

자신의 계정을 빼앗기거나 금전 피해를 볼 수 있음

□ 주요 내용3: 개인 정보 보호

- 개인 정보를 보호하기 위한 구체적인 방안이 무엇인지 확인하고 이를 실천하는 자세를 지님

주민등록번호, 전화번호, 이메일 주소, 비밀번호 등은 절대로 다른 사람에게 알려주지 않음. 특히 온라인 게임 등을 위해 설정한 아이디와 비밀번호는 절대로 다른 사람에게 알려주면 안 됨

- 자신의 개인 정보뿐 아니라, 가족과 친구의 개인 정보도 보호해야 함

- 개인 정보를 보호할 수 있는 구체적인 실천 방안을 숙지하고 실행함

개인 정보를 다른 사람에게 알리지 않기, 개인 정보가 적혀 있는 우편물을 함부로 버리지 않기, 각종 비밀번호를 주기적으로 변경하기, 쉽게 유추할 수 있는 비밀번호를 사용하지 않기, 아이디와 비밀번호를 입력할 때 다른 사람이 보지 못하게 하기 등이 있음

□ 생각해보기: 어떤 비밀번호가 나쁜가요?

- 비밀번호는 다른 사람이 쉽게 유추할 수 없고 자신만이 알고 있어야 좋은데, 의의로 많은 사람들이 비밀번호를 가볍게 설정해 다른 사람에게 쉽게 노출됨

- 나쁜 비밀번호의 특징은 다음과 같으며 이런 식으로 설정하는 것을 피해야 함. 자신이나 가족의 생일을 이용하는 비밀번호, 자신이나 가족의 이름을 이용하는 비밀번호, 자신의 출생

지역을 이용하는 비밀번호, 1111, 1234, abcd, 1234abcd처럼 연속으로 이어지는 비밀번호, qwer, !@#$ 등 자판에서 연속으로 치는 비밀번호, password를 그대로 사용하는 비밀번호 등을 피함

  - 이 외에 사람들이 많이 사용하고 있는 비밀번호가 무엇인지 확인해봄

여덟 번째 시간
돈 빌리기

돈, 어디에 손을 내밀지?

빌리는 것도 습관이야

다른 사람에게서 돈을 빌리는 순간 우리는 **빚**을 지게 돼. 빚은 반드시 갚아야 할 의무가 있으므로, 빚을 지는 순간부터 갚아야 한다는 부담에 시달리게 마련이야. 그래서 어른들이 '빚지고 살지 말라'고 말씀하시는 거야.

여러분은 아직 친구들 사이에서 돈을 빌리고 빌려주고 그러지 않겠지? 물론 이따금 돈을 빌려달라는 친구들이 하나둘 있을 텐데, 여기에도 흥미로운 점이 하나 있어. 가만히 살펴봐. 꼭 빌리는 친구가 다시 빌려간다? 돈뿐이 아니라 물건도 그래. 집에서 갖고 오는 것을 깜빡 잊었다며 필기도구나 준비물 같은 걸 빌려달라는 친구 있잖아? 아마 그 친구는 반복해서 이런저런 물건을 빌려갈걸?

다른 사람에게서 돈을 빌리는 것도 **습관**이야. 이런 사람의 공통된 특징이 있어. 이런 사람들은 대개 평소에 계획 없이 충동적으로 행동할걸? 계획을 잘 세워놓고 그것에 따라 실천하면 돈이나 물건 빌릴 일이 별로 없을 텐데.

아무리 계획에 따라 산다고 해도, 평생 한 번도 돈을 빌리지 않고 살기는 어려워. 살다 보면 어쩔 수 없이 돈을 빌려야 할 때가 생기거든. 미래를 내다보는 닥터 스트레인지가 아닌 이상, 계획에도 없던 전혀 예상하지 못한 일이 벌어지면 어쩔 수 없잖아?

조금 이상하게 들리겠지만, 돈을 빌리는 것이 오히려 현명할 때도 있어. 창업을 할 때나 지금 하는 사업을 더 크게 불리고 싶을 때가 그런 시기지. 좋은 사업 아이디어가 있다면 돈을 빌려서라도 실행에 옮기고, 거기서 몇 배의 돈을 벌어 빌린 돈을 갚고 회사도 크게 키울 수 있잖아? 집을 살 때도 비슷해. 마음에 드는 집이 있는데, 가지고 있는 돈이 충분하지 않다면 돈을 빌려서 집을 살 수 있어. 그리고 열심히 일하면서 빌린 돈을 갚으면, 마음에 드는 집에서 살 수 있으니 얼마나 좋아? 그러므로 돈을 빌리는 일을 무조건 나쁘다고 생각할 필요는 없어. 중요한 것은 돈을 빌리는 까닭과 목적이 무엇인가 하는 점이지. 까닭과 목적이 타당하다면 돈을 빌려야 해. 하지만 다음과 같은 이유로 돈을 빌리는 건 절대 안 돼.

이런 돈 빌리기 안 돼요!

- 중요하지도 않은 물건을 순간적인 욕구 때문에 사려고 돈을 빌리는 것
- 자신의 능력을 벗어나는 과도한 소비를 하려고 돈을 빌리는 것
- 다른 사람에게 과시하려고 돈을 빌리는 것

지금은 **신용 사회**

어쩔 수 없이 돈이나 물건을 친구로부터 빌렸다고 생각해봐. 가능하면 빨리 돈을 갚거나 물건을 돌려줘야겠지? 약속한 대로 돈이나 물건을 돌려주면 **신용**이 좋아지지만, 반대로 돈이나 물건을 돌려주지 않으면 신용이 나빠져. 다음에 또 급한 일이 생겨 돈을 빌리려고 할 때 빌려주려는 친구가 없게 될 거야. 돈을 확실하게 돌려줄 것이라는 **믿음**을 주지 못했기 때문이지.

신용이 좋은 사람은 믿을 만한 사람이라는 뜻이야. 자신이 한 약속을 잘 지키는 사람이라는 뜻이기도 해. 신용이 좋으면 돈을 빌리기도 쉬울 뿐 아니라, 사회생활을 하는 데도 여러모로 유리해. 신용이 나쁘면 어느 순간 주변에서 친구들이 사라질지도 몰라.

'현대 사회는 **신용 사회**다'라는 말이 있어. 그만큼 요즘 사람들은 신용에 바탕을 둔 금융생활을 많이 하고 있다는 뜻이야. 주위를 둘러보면 하나부터 열까지 신용이 없으면 불가능한 현상들로 가득 차 있는데, 몇 가지만 생각해볼까?

회사에 취직해서 일하면 매달 정해진 날짜에 **월급**을 받아. 이렇게 버는 돈을 근로소득이라고 했지? 회사마다 다르지만, 대개는 매달 25일에 월급을 줘. 근로자는 1일부터 25일까지는 돈을 받지 않고 일을 하는 거지. 어떻게 돈을 받지 않고 일할 수 있냐고? 회사가 25일에 월급을 줄 것이라는 믿음, 신용이 있기 때문이야. 만약 회사가 신용이 없다면, 돈을 받지 않고 일하려는 근로자가 없을 테지? 일할 때마다 일한 만큼 돈을 받으려 하겠지.

전화 요금, 인터넷 요금, 전기 요금, 수도 요금, 가스 요금도 신용을 바탕으로 내는 거야. 예를 들어 한 달 동안 전화, 인터넷, 전기, 가스를 사용하고, 요금은 다음 달에 내잖아? 사용자가 다음 달에 요금을 확실하게 낼 것이라고 믿으니까 이렇게 할 수 있는 거지. 만약 신용이 없는 사회라면, 전화, 인터넷, 전기를 사용할 때마다, 또는 사용하기 전에 요금을 미리 받겠지?

여러분도 휴대전화 소액결제를 해본 적 있지? 작은 물건이나 게임 아이템을 사면서 휴대전화로 결제하는 건데, 나중에 이 대금을 낼 것이라는 신용이 없다면 휴대전화 회사에서 이런 서비스를 하지 않을 거야.

식당에서 음식을 먹는 데도 신용이 필요해. 비싼 음식을 먹은 손님이 돈을 내지 않고 도망가거나 낼 돈이 없다고 하면 식당 주인은 낭패일 거야. 그럼에도 손님들이 음식값을 잘 낼 것이라 믿고 음식을 먼저 주고 손님이 식당을 나갈 때 돈을 받잖아? 몇십 년 전에는 음식값을 선불로 받는 식당이 많았어.

가전제품의 가격은 보통 수백만 원이지. 자동차 가격은 수천만 원이고. 이처럼 비싼 물건은 소비자가 한꺼번에 값을 치르기 어려운 것이 보통이야. 그래서 회사는 고가 물건을 **할부**로 팔고 있어. 물건은 바로 건네주지만, 물건값은 여러 달 또는 몇 년에 걸쳐 나눠 내도록 허락하는 건데, 할부 거래 역시 신용을 바탕으로 하는 제도야.

신용이 없으면 돈이 필요할 때 은행에서 돈을 빌리지 못할 수 있어. 돈을 돌려받지 못할 가능성이 있는 사람에게는 은행이 돈을 빌려주려고 하지 않아. 또한 신용이 없는 사람은 현금이 없으면 아무것도 할 수 없어. 돈을 빌릴 데도 없고 외상으로 물건을 살 수도 없으니, 필요한 것을 사려면 항상 주머니에 현금을 가지고 다녀야 하겠지?

이제 신용이 얼마나 중요하고, 널리 적용되고 있는지 이해할 수 있을 거야. 현대 사회는 신용 사회라는 말에도 동의할 테고. 이런 신용 사회에서 살아가려면 평소에 자신의 신용을 잘 쌓고 유지하는 일이 중요해. 신용이란 하루아침에 쌓이는 게 아니거든. 여러 차례 돈을 갚지 않다가 어느 날 한 번 갚았다고 당장 믿을 만한 사람으로 인정받는 건 아니거든.

두 얼굴의 신용 카드 이야기

신용을 사용하는 대표적인 것이 **신용 카드**야. 오죽하면 이름에 '신용'이란 말이 들어가 있겠어? 신용 카드는 참 신기해.

어른들이 물건을 사고 지갑에서 현금을 내는 대신에 직사각형 모양의 플라스틱 신용 카드를 내면 가게 점원은 고맙습니다, 하면서 물건을 줘. 분명히 돈을 내지 않은 것 같은데 점원이 물건을 주는 게 신기해 보이지? 신용 카드로 결제했기 때문이야. 신용 카드가 무엇인지 자세히 알아보자.

(1) 신용 카드를 어디에서 받을까?

신용 카드를 만들어주는 금융회사를 신용 카드 회사라고 해. 앞에서 금융회사 종류를 설명할 때 들어본 적 있을 거야.

신용 카드를 받고 싶은 사람은 필요한 서류를 준비해서 신용 카드 회사에 신청하면 돼. 신용 카드 회사는 소득이 있고 빚을 잘 갚을 능력과 신용이 있는지 등을 두루 살펴본 후 기

ⓢ 신용 카드로 마을 슈퍼마켓에서 장을 볼 수 있어.

준에 맞다고 판단한 사람에게 신용 카드를 만들어줘. 신용이 부족한 사람은 신용 카드를 만들 수 없어. 소득이 없는 어린이들도 당연히 만들 수 없고.

(2) 왜 돈을 내지 않아도 물건을 줄까?

신용 카드를 사용하면 왜 돈을 내지 않아도 물건을 주는지를 알아보자. 소비자는 가게에서 물건을 사고 신용 카드로 결제해. 그러면 신용 카드 회사가 우선 그 물건값을 가게에 내줘. 즉, 가게는 소비자에게서 돈을 받는 게 아니라 신용 카드 회사로부터 돈을 받는 거야. 그래서 소비자는 신용 카드만 있으면 당장 현금이 없어도 물건을 살 수 있어. 참 편리하지?

(3) 신용 카드 회사는 자선사업을 하는 걸까?

여기에서 궁금한 점이 하나 생겨. 도대체 신용 카드 회사는 왜 소비자의 물건값을 대신 내줄까? 설마 자선사업을 하는 것은 아닐 텐데?

그럼! 회사인데 자선사업을 할 리가 없지. 신용 카드 회사는 신용 카드를 사용한 소비자에게 한 달 동안 사용한 물건값을 모두 합해 갚으라고 알려줘. 소비자는 이것을 정해진 날짜까지 갚아야 하는데, 신용 카드 회사는 이런 식으로 먼저 내주었던 물건값을 한 번에 회수하는 거야.

그러므로 소비자가 신용 카드로 물건을 사는 것은 공짜로 사는 게 아니라 돈을 내는 시기를 조금 미룰 뿐이라는 사실을 잊으면 안 돼. 약 한 달 동안 신용 카드 회사가 소비자에게 돈을 빌려준 거나 다름 없지. 만약 소비자가 정해진 날짜까지 사용 대금을 갚지 못하면 이때 이자가 붙어. 이렇게 제때 사용한 돈을 지불하지 못해 이자까지 내는 일이 자꾸 벌어지면 이런 사람은 '신용이 나쁘다'라는 꼬리표를 달게 되는 거지.

(4) 신용 카드 회사는 어떻게 돈을 벌까?

신용 카드가 있으면 편리한 점이 많아. 지갑에 현금을 넣고 다니지 않아도, 당장 현금이 없어도 신용 카드로 결제하면 물건을 살 수 있거든. 해외여행을 할 때 그 나라의 돈이 없어도 신용 카드를 사용하면 호텔비나 물건값을 치를 수 있어. 신용 카드는 전 세계적으로 통용되거든.

이러한 여러 가지 편리함의 대가로 신용 카드를 만든 사람은 회비를 내야 해. 보통 일 년에 한 번 **연회비**로 내. 이 회비가 신용 카드 회사의 수입이야. 신용 카드 대금을 제때 내지 못하는 소비자는 이자를 추가로 내야 한다고 했지? 이런 **연체이자**도 신용 카드 회사의 수입이 되는 거고.

이제 신용 카드가 요술 카드가 아니라는 사실을 이해할 수 있을 거야. 정리해볼까? 신용 카드를 사용해서 물건을 사는 것은 공짜로 물건을 얻는 것이 아니라, 신용 카드 회사가 신용 있는 사람에게 물건값을 당분간 빌려주는 거야. 엄격하게 말하면, 소비자가 신용 카드를 사용하는 순간, 그 사람은 신용 카드 회사에 빚을 지는 셈이야.

신용 카드에는 편리함 못지않게 빚이라는 그림자가 숨어 있어. 사용할 때는 좋지만 갚아야 할 날짜가 다가오면 "내가 언제 이렇게 돈을 많이 썼지?" 하면서 후회하는 사람이 많거든. 때로는 갚을 능력을 초과할 정도로 물건을 많이 사고 나서 갚지 못해 어려움을 겪는 사람도 있어. 신용 카드가 소비자의 판단을 흐려놓아 발생하는 일들이야. 신용 카드의 두 얼굴이라고 할까?

개인의 신용을 평가해주는 **신용점수**

어린이는 신용 카드를 만들 수 없다고 했지? 사회에서 직업을 가지고 돈을 벌지 못하고 있으므로 신용 카드 사용 대금을 갚을 능력이 없다고 보기 때문이야. 우리나라에서는 법으로 19세 이상의 성인만 신용 카드를 만들 수 있어.

신용 카드를 만들 수 없다고 해서 어린이는 신용에 대해서 신경 쓰지 않아도 된다고 생각하면 안 돼. 소비도, 저축도 그렇듯이, 신용도 습관이 중요하거든. 신용은 하루아침에 쌓을 수 있는 게 아니라 오랜 기간을 거쳐 조금씩 쌓이기 때문이야. 어렸을 때 신용 없던 사람이 어른이 되었다고 해서 갑자기 신용이 좋은 사람으로 바뀌지는 않거든. 지금부터 신용이 좋은 사람으로 인정받도록 노력해야겠지?

일반적으로 어린이들은 돈을 빌리거나 물건을 빌리거나 하지 않으니까 신용 관리는 약속을 잘 지키는 일부터 시작하면 돼. 친구와 만나기로 한 시간을 잘 지키고, 가족에게 어떤 일을 하겠다고 약속했으면 반드시 그 일을 마무리하는 습관을 기르는 거야. 도서관에서 책을 빌리면 약속한 날짜에 늦지 않게 책을 반납하는 것도 신용에 영향을 줘. 약속을 잘 지키는 대출자에겐 도서관에서 책을 더 빌려주기도 하거든. 사실 신용을 관리하는 일은 따지고 보면 별거 아니야. 다른 사람들과 함께 어울려 살아가면서 기본적으로 지켜야 할 것들을 잘 지키면 되거든?

어른에게는 **신용점수**가 매겨져. 신용 카드 대금을 얼마나 제때 잘 갚는지, 다른 금융회사에 얼마나 많은 빚이 있는지, 빚을 얼마나 잘 갚고 있는지, 세금이나 전화 요금 등을 밀리지 않고 제때 내고 있는지 등을 종합해서 그 사람의 신용도를 점수로 나타내는 거야. 신용점수는 1,000점이 만점이야.

은행을 비롯한 금융회사가 어떤 사람에게 돈을 빌려줘도 좋은지를 판단할 때 가장 먼저 보는 것이 그 사람의 신용점수야. 신용점수가 낮은 사람에게 돈을 빌려줬다가 돌려받지 못하면 큰일이잖아? 그래서 신용점수가 낮은 사람은 신용 카드나 할부로 물건을 사지 못하게 되는 등 경제생활에서 여러 가지 불편함을 겪게 마련이야.

신용도가 아주 낮은 사람은 **신용 불량자**가 되기도 해. 빌린 돈을 갚을 능력이 없는 사람으로 낙인찍히는 거야. 대출받은 돈을 갚지 못하거나 신용 카드 대금을 오랫동안 내지 못하는 사람들이 신용 불량자가 되곤 해.

밀린 돈을 다 갚는다고 해도 바로 신용 불량자에서 벗어나는 건 아니야. 기록이 최대 5년까지 보존되어 계속 불이익을 겪어야 하거든. 그러니까 신용 불량자가 되는 일은 절대로 없어야겠지?

신용 불량자가 된 사람들 가운데 절반이 신용 카드를 마구 쓰는 바람에 그렇게 되었다고 하니, 신용 카드는 정말 신중하게 사용해야겠지?

신용 불량자가 되는 경우

- 30만 원 이상의 대출금을 3달 이상 연체한 경우
- 5만 원 이상의 신용 카드 사용 대금이나 할부 대금을 3달 이상 연체한 경우
- 500만 원 이상의 세금을 1년 이상 체납하거나 1년에 3회 이상 체납한 경우

신용을 관리하는 방법을 알아보자

은행을 비롯한 금융회사는 아무에게나 무턱대고 돈을 빌려주지 않아. 신용점수를 보고 돈을 갚을 능력이 있다고 판단하는 사람에게만 돈을 빌려줘. 왜 은행은 돈을 빌려줄 때 이처럼 까다롭게 심사할까?

은행이 빌려주는 돈이 누구의 돈인지를 생각하면 쉽게 이해할 수 있어. 은행에서 나가는 돈은 바로 은행을 믿고 돈을 저축한 예금주들의 돈이야. 그러니까 여러분의 돈이지. 허리띠를 졸라매 한푼 두푼 아껴서 모은 소중한 돈이잖아?

만약 은행이 빌려준 돈을 돌려받지 못하면, 은행을 믿고 돈을 맡긴 사람들에게 피해가 가는 거고 은행의 신뢰도는 땅으로 추락할 거야. 신뢰도가 떨어진 은행에 자신의 돈을 맡기려는 사람은 없을 테니 은행 금고에도 돈이 없어지겠지? 그래서 은행은 돈을 잘 관리하려고 돈을 대출해줘도 좋은 사람인지 아닌지를 신중하게 따져보는 거야.

이제 은행의 심사를 통과해 돈을 빌릴 수 있게 되었다고 생각해봐. 돈을 빌리면 당연히 이자를 내야 한다는 사실을 알고 있지? 얼마의 이자를 내야 하는지는 사람에 따라 달라져. 정확하게 말하면 그 사람의 신용점수에 따라 달라져.

은행에서 1억 원을 대출받는 경우를 예로 들어볼게. 신용점수가 매우 높은 사람이 1년에 **대출 이자**로 500만 원을 내야 한다면, 신용점수가 낮은 사람은 1,500만 원의 대출 이자를 내야 해.

신용점수가 낮은 사람이 추가로 더 내야 하는 이자가 1년에 1,000만 원이나 돼. 5년이면 5,000만 원이지. 자동차 한 대를 살 수 있는 금액이야. 참 엄청나지? 그래서 '신용이 돈' 또는 '신용이 재산'이라고 말하는 거야.

같은 돈을 빌려도 신용이 나쁜 사람은 신용이 좋은 사람보다 훨씬 더 많은 이자를 내야 하니까, 신용이 나쁘면 돈을 손해 보는 셈이지. 이런 억울한 일을 피하려면 평소에 신용을 좋게 유지해서 높은 신용점수를 받아야겠지?

다음과 같은 몇 가지를 명심하고 실천하면 신용점수를 높게 유지하는 데 도움이 될 거야. 대부분은 어른이 된 다음에 필요한 이야기이지만 지금부터 알아둬도 나쁘지 않을 거야.

(1) 갚을 수 있는가?

돈을 빌릴 때는 자신이 갚을 수 있는지를 철저하고 냉정하게 따져야 해. 돈이 필요하다는 조급한 마음에 갚을 능력을 따지지 않고 돈을 빌린다면 신용 불량자가 될 가능성이 커져. 신용을 관리하는 제일 중요한 길은 돈을 빌렸을 때나 공과금을 내야 할 때 절대 연체하지 않는 거야.

(2) 충동구매 아닌가?

신용 카드를 사용해 물건을 살 때 충동구매가 아닌지 따져야 해. 꼭 필요한 물건이고 갚을 수 있다면 신용 카드로 물건을 사도 좋지만, 신용 카드가 있다는 생각에 앞뒤 가리지 않고 마구 물건을 사면 돈을 갚지 못하게 되고 신용점수가 내려가지.

(3) 공과금 납부를 늦지 않게 하는가?

세금, 수도, 가스, 전기, 통신 요금 등을 밀리지 않고 기한 안에 내야 해. 매달 내야 하는 이런 공과금은 바쁘게 지내다 보면 돈을 내는 것을 깜빡 잊어버려 연체하기 쉬워. 그래서 매달 내야 하는 공과금은 은행에 **자동이체**를 신청하는 게 좋아. 정해진 날짜에 통장에서 공과금이 자동으로 빠져나가는 서비스를 이용하는 것이지. 이때 물론 통장에 돈이 충분히 남아 있는지 수시로 확인하는 걸 잊지 마. 그렇지 않다면 자동이체를 하더라도 공과금이 빠져나갈 돈이 없게 되잖아?

알아두면 쓸모 있는 돈 이야기
신용 카드와 외상 거래

신용 카드는 일정 기간이 지난 후에 돈을 내겠다는 조건으로, 물건을 지금 소비할 수 있게 해주는 고마운 도구예요. 지금 주머니에 돈이 없어도 물건을 소비할 수 있는 편리함 때문에 신용 카드가 도입된 이후 이를 사용하는 사람이 급속도로 늘어났답니다.

사실 돈을 내지 않고 물건을 사는 거래 관행은 신용 카드가 나오기 훨씬 전부터 있었어요. 옛날 우리나라에서는 '**외상**'으로 물건을 사는 사람이 많이 있었지요. 값은 나중에 치르기로 하고 물건을 사는 게 외상 거래이지요. 월급날이 되기 전에 가지고 있는 돈이 떨어진 사람이, 집 근처의 아는 가게에 찾아가 필요한 물건을 외상으로 샀던 거예요. 월급날이 되면 가게에 외상값을 한꺼번에 갚았어요.

대개는 동네에서 서로 얼굴을 아는 가게 주인과 손님 사이에서 외상 거래가 가능했지요. 그러니까 외상은 일종의 인간관계에 기초한 거였죠. '모르는 사람도 아닌데' '단골손님이므로' '동

326

네 사람인데' 등 여러 가지 이유로 외상 요청을 거절할 수 없었거든요. 또 약속대로 외상값을 갚으면 가게 매상도 늘어나서 좋으니까요. 물론 가게 주인이 손님을 믿고 외상을 줬는데, 결국에 돌려받지 못해 손해를 보는 경우도 종종 발생했어요.

미국에서도 1920년대부터 이런 외상 거래가 발생했어요. 일부 주유소에서 기름을 넣거나 백화점에서 물건을 살 때 외상으로 기록하고, 월말에 한꺼번에 외상값을 갚는 형식이었지요.

이런 외상 거래를 보다 체계적이고 제도적으로 만든 것이 신용 카드예요. 신용 카드 회사가 물건값을 책임지고 내준다는 것이 외상과 다른 점이죠. 신용 카드로 물건을 팔면 가게 주인이 물건값을 못 받을 일이 없으므로 외상으로 물건을 파는 것보다는 훨씬 안전하지요. 그래서 우리나라에서 신용 카드가 생겨나자 빠르게 보급되었는지도 몰라요.

그리고 얼굴을 아는 가게에서만 외상이 가능했던 것과는 다르게, 신용 카드는 전국의 모든 가게에서 사용할 수 있다는 점도 달라요. 아니 다른 나라의 가게에서도 사용할 수 있지요. 문화와 언어가 다른 외국에서도 신용 카드를 사용해서 물건을 살 수 있는 것은, 신용 카드 회사가 물건값 지급을 보증하고 있는 덕분에 가능한 일이랍니다.

신용 카드가 보급되면서 지금 우리나라에서는 외상 거래가 거의 사라졌어요. 대신 거의 모든 어른이 신용 카드를 사용하지요. 그래서인지 우리나라에서는 신용 카드가 없는 사람은 신용이 부족한 사람이라고 여기기도 해요.

초등 고학년

금융 교육 지도자를 위한 페이지
[돈 빌리기]-신용(신용 의미)

□ 2020 개정 금융교육 표준안 (금융감독원) 관련 내용

- 신용의 의미를 파악하고 신용 사용에는 비용이 수반됨을 이해한다.

- 신용이 장래에 갚을 것을 약속하고 돈이나 물건을 빌릴 수 있는 능력을 의미한다는 것을 파악하도록 한다. 또한 신용은 미래의 소득을 담보로 하여 현재에 돈을 빌리는 것이므로 신용 사용에는 비용이 수반된다는 것을 이해하는 데 주안점을 둔다.

□ 주요 내용1: 신용의 의미

- 신용이란 어떤 사람에 대한 다른 사람들의 평가를 말한다. 일상생활에서 신용이 나쁘다는 말은 약속을 지키지 않는다는 뜻임. 책이나 학용품을 빌리고 약속한 날짜에 돌려주지 않는 행위, 약속한 시간에 나타나지 않고 늦게 나타나는 행위, 친구로부터 급히 돈을 빌리고 제때 돌려주지 않는 행위 등이 모두

약속을 지키지 않는 것에 해당하므로 이런 일이 자주 발생하면 신용이 나빠짐

   - 신용이 좋은 사람은 믿을 만한 사람이라는 신호를 상대방에게 줌

   - 그러므로 평소에 어떤 일이든지 약속을 잘 지켜서 신용이 좋은 사람이라는 평가를 받아야 함. 갑자기 친구의 도움이 필요할 때가 있는데, 신용이 나쁘면 도움을 받지 못하고 어려움에 빠질 가능성이 있음

□ 주요 내용2: 일상생활 속 신용거래

   - 우리는 알게 모르게 평소에 많은 신용 거래를 하고 있으며 신용이 나빠질 경우 불편을 겪을 수 있으므로 신용을 차곡차곡 쌓아갈 필요가 있음

   - 휴대전화, 전기, 수도 요금: 한 달 동안 휴대전화, 전기, 수도를 사용하고 사용량에 따라 나중에 요금을 내고 있는데, 사용자가 요금을 성실하게 납부할 것이라는 신용 덕분에 가능함

   - 휴대전화 소액 결제: 휴대전화로 소액 결제를 하는 것도 일정 기간 후에 사용자가 그 대금을 성실하게 갚을 것이라는 신용을 바탕으로 하고 있음

   - 후불 교통카드: 버스나 지하철을 이용한 후, 한 달 후에 이용 요금을 한꺼번에 납부하는 것도 일종의 신용 거래임

□ 주요 내용3: 신용 쌓기
 - 평소에 신용을 쌓아 신용이 좋은 사람이 되기 위해서 노력해야 함
 - 친구나 부모님과 한 약속은 아무리 사소한 것이라도 성실하게 최선을 다해 지키도록 노력해야 함
 - 아무리 적은 돈이라도 친구에게서 빌린 돈을 정확히 갚아야 함
 - 신용 거래로 물건을 구입했다면 반드시 정해진 날에 갚아야 함
 - 신용 거래를 하기 전에, 상환할 능력이 있는지를 확인함
 - 경제적 능력에 맞춰 신용 거래를 함

□ 생각해보기: 신용이 꼭 좋아야 하나요?
 - 신용이 나쁜 사람은 생활 속에서 신용 거래를 할 수 없으므로 여러 가지 불편함과 어려움을 겪게 됨
 휴대전화나 버스를 탈 때마다 돈(현금)을 내야 함
 은행에서 돈을 빌릴 때 은행은 그 사람의 신용을 엄격하게 따져 신용이 나쁘다고 판단할 경우 돈을 빌려주지 않음. 돈을 빌려주더라도 대출 이자율을 높게 설정하므로 신용이 좋은 사람보다 상환 부담이 커짐
 - 신용이 좋은 사람
 은행에서 돈을 빌리기 쉬움
 은행에서 돈을 빌릴 때 이자가 적음

은행에서 더 많은 돈을 빌릴 수 있음
- 신용이 나쁜 사람
은행과 거래하기 힘들어짐
은행에서 돈을 빌릴 때 이자가 많음
신용카드를 사용하기 어려워짐
취직을 할 때 불이익을 당할 수 있음

아홉 번째 시간
돈 나누기

돈, 누구를 위해 내놓을까?

세상에서 제일 **무서운 가난**

지금까지 우리는 돈과 관련된 여러 가지 것들을 알아봤어. 어때? 이제 돈에 대한 지식이 풍부해진 것 같지 않아? 돈을 어떻게 벌고 어떻게 쓰고 어떻게 저축해야 하는지 머릿속에 그림이 척척 그려지지? 어쩌면 올바른 돈 관리 습관이 형성된 돈 박사님이 되어 있을지도 몰라.

마지막으로 돈을 조금 다르게 쓰는 얘기를 하고 싶어. 돈 쓰는 얘기는 이미 앞에서 했다고? 맞아, 앞에서 했어. 그런데 지금부터 얘기하려는 돈 쓰기는 앞에서의 돈 쓰기와 달라. 앞에서 말한 돈 쓰기는 자신의 필요나 욕구를 채우려고 돈을 쓰는 것, 즉 소비에 관한 이야기였잖아? 지금부터 하는 이야기는 다른 사람을 위해서 돈을 쓰는 게 중심이 될 거야. 바로 **기부** 또는 **자선**과 관련된 이야기지. 소비와 구분하려고 **돈 나눔**이라고 말하기도 해.

먼저 기부가 필요한 까닭부터 생각해볼게. 이 세상에는 가난한 사람들이 많아. 물론 어느 정도가 되어야 가난한 것인지는 한마디로 얘기하기 힘들어. 자신도 돈이 없는 가난한 신세라고 말하고 싶은 친구도 많이 있을 테니까. '난 가난한가 봐' 하는 느낌은 대개 상대적으로 다가오거든. 기능이 엄청 좋은 최신식 스마트폰을 들고 와 자랑하는 친구를 보면 불현듯 내가 그 친구보다 가난한 것 같잖아?

그럴 때는 다음과 같은 질문을 해봐. 돈이 없어서 하루 세 끼 밥을 먹지 못하고 있나? 비가 들이치고 겨울에 난방이 되지 않는 집에서 잠을 자고 있나? 이런 질문에 "아니오"라고 대답한다면, 가난하다고 단정지을 수 없어. 가난하기는커녕 행복한 사람이라고 생각해도 좋아.

우리 주위엔 정말 가난한 사람들도 있어. 제대로 먹지 못하거나 겨울밤에 추위에 떨면서 지내는 사람들도 있고, 병이 들어도 병원비가 없어 치료를 받지 못하는 사람도 있어. 아프리카에는 마실 물이 없어 땅바닥에 있는 더러운 물을 마시는 사람들까지 있다니까?

기부는 이런 사람들을 위해 우리 것을 조금씩 나누는 거야. 어떤 친구들은 기부의 필요성을 이해하면서도 다음과 같은 궁금증을 가지기도 해.

첫째, 가난한 사람들은 왜 일을 해서 돈을 벌지 않지? 남들처럼 일해서 돈을 벌면 될 텐데. 일을 안 해서 가난한 건 당사자들 책임 아닌가, 하는 생각이지. 어느 정도 맞는 말이기도 해. 그런 사람도 실제로 있으니까. 그렇지만 몸이 아파서,

나이가 많아서, 열심히 일을 해도 버는 돈이 적어서 가난에서 벗어나지 못하는 사람들이 분명히 있어. 이럴 땐 '본인들 책임이지' 하면서 나 몰라라 하기보다는, 어쩔 수 없는 상황에 놓인 사람들이므로 도와줘야 한다고 생각해.

둘째, 정부가 가난한 사람들을 도와주면 되는 것 아닌가? 정부는 세금을 거두어 뭐 하고 있지? 이런 생각을 할 수 있어. 이 말도 어느 정도는 맞아. 분명히 정부는 세금을 거두고 있고, 그 가운데 상당 부분을 가난한 사람을 위해 쓰고 있거든.

그러나 정부 혼자의 힘만으로는 그들을 다 도울 수 없어. '가난 구제는 나라님도 못한다'는 속담도 있잖아? 아무리 나라가 노력해도 가난한 사람을 다 도와주지 못한다는 말이야. 그만큼 가난 문제는 해결하기 어려워. 정부의 힘만으로 감당하기는 너무 벅차거든.

가난 구제는 정부의 힘만으로는 해결할 수 있는 일이 아니므로, 국민 모두가 함께해야 할 의무라고 보는 게 좋아. 돈에 여유가 있는 사람들이 조금씩이라도 도와주면 큰 힘이 될 수 있어. 여유가 있는 사람은 소득 가운데 일부를 기부금으로 내더라도 살아가는 데 별 지장이 없지만, 이 돈은 가난한 사람에게는 생계를 해결할 정도로 대단한 역할을 하거든. 군것질할 것을 한 번 참고 절약한 돈을 기부하는 데 쓴다면 점심을 굶는 친구는 없을 거야.

더 나은 세상을 만드는 데 필요한 것이 바로 돈 나눔이야.

돈을 **나누면 기쁨이 두 배**로 늘어난대

우리나라에서는 기부하는 문화가 아직 걸음마 수준이라고 할 수 있어. 옛날보다 기부하는 사람과 기부 금액이 분명히 많아졌지만 다른 선진국에 비하면 여전히 적다는 뜻이야. 우리나라 통계청은 우리나라 사람 4명 가운데 1명만 기부 경험이 있다고 발표했어(2019년의 경우). 나머지 3명은 기부를 해본 적이 없다는 말이지. 세계 기부 지수를 보면 우리나라 기부 참여자 수는 세계 146개 나라 가운데 60위에 불과해.

우리나라도 몇십 년 전까지는 매우 가난했어. 많은 사람이 끼니를 때우지 못한 채 식사 대신에 물을 마시며 지냈지. 그때 많은 외국인이 우리나라를 도와줬어. 이후 우리나라 경제가 빠르게 성장한 덕분에 가난한 사람의 수가 크게 줄어들었지. 부자나 여유 있는 **중산층**이 많아졌고.

이제는 우리나라도 주위를 돌아보고 여유 있는 돈을 나눠 줄 수 있을 정도로 잘살게 되었어. 마음의 여유도 생겼고 말이야. 이제 주위를 둘러보며, 또는 다른 나라에 사는 가난한 사람들의 처지를 둘러보며 이들을 도와주는 선행을 베풀 때가 된 것이지.

반드시 돈이 매우 많은 부자만 기부하거나 자선을 베풀 수 있는 건 아니야. 남을 생각하는 마음만 있다면 누구나 남을 도울 수 있어. 실제로 기부하는 사람들을 보면 부자가 아닌, 보통 사람들이 훨씬 많아.

우리나라의 어떤 할머니는 6억이 넘는 큰돈을 기부했어. 엄청난 돈이지. 그렇다고 그 할머니가 엄청난 부자는 아니었어. 등산길에서 김밥을 팔며 평생 모은 재산을 기부한 거야. 폐지와 재활용품을 수집해서 한푼 두푼 모은 돈을 기부한 분도 있어. 여든이 넘은 몸을 이끌고 매일 골목골목을 누비며 힘들게 일해서 번 돈을 다른 사람을 위해 써달라고 매년 기부하고 있어.

기부는 여러 가지 방법으로 할 수 있어. 우선 자선단체에 돈을 기부하는 방법이 있지. **자선단체**는 기부금을 받아 자선 사업을 펼치는 곳인데, 아마 여러분도 TV 광고 등을 통해 후원을 요청하는 자선단체를 본 적이 있을 거야. 자선단체들은 저마다 도움을 주려는 대상자를 정해놓고 있어. 우리나라 어린이를 후원하는 자선단체도 있고, 아프리카 기아 문제를 해결하는 데 관심을 두는 자선단체도 있지.

어느 곳이든 상관없어. 인터넷으로 홈페이지들을 조사해보면 자선단체가 최근에 어떤 일을 하고 있는지, 앞으로 어떤 일을 할 것인지를 확인할 수 있거든. 이미 기부를 한 사람들의 평가나 후기도 참고할 수 있고. 자신의 마음이 가는 자선단체를 찾아 비록 적은 돈이지만 후원자가 된다면 매우 보람 있는 일이 될 거야. 이런 곳은 주로 자동이체로 후원금을 받아.

전화를 활용한 기부도 가능해. 홍수 피해를 입은 지역, 병원비가 없어 치료를 받지 못하는 가정, 지진 같은 재난을 당한 불우이웃에게 도움을 주기 위해서 ARS(자동응답시스템) 전화번호를 연결하면 2,000원씩의 기부금이 자동으로 전달돼. 연말에는 불우이웃돕기 성금을 ARS로 모집하기도 해.

요즘에는 포털 사이트에서 전개하는 나눔 캠페인에 동참하는 방법이 인기 있어. 메일, 카페, 블로그 등을 통해 기부하는 방법인데, 인터넷을 이용하는 사람들이 많아지면서 이 방법을 통한 기부 캠페인이 늘고 있대.

스마트폰으로도 기부할 수 있어. 애플리케이션을 통해 다양한 방법으로 모금을 진행하고 있지.

연말이면 어김없이 등장하는 자선냄비도 있는데, 여러분도 본 적 있을걸? 구세군이라는 단체에서 모금하는 독특한 방법이야. 한겨울 길거리를 지나가다 보면 은은한 종소리에 이끌려 자선냄비에 돈을 넣는 사람들이 보여.

자선냄비에 돈을 넣든, 자동이체로 기부금을 전달하든 남을 위해 돈을 나누면 기분이 좋아져. 자신의 돈은 줄었는데, 행복감은 오히려 늘어나는 신기한 현상을 경험하는 거지.

재능과 **시간**도 **기부**할 수 있어

우리나라 어떤 연예인은 지금까지 200억 원을 기부했다고
해. 뉴스를 보면 가끔 인기 연예인이 1억 원을 기부했다는 소
식이 나와. 투자자 워런 버핏은 2021년에 4조 원이 넘는 금액
의 주식을 한 자선단체에 기부했어. "내 돈은 사회에는 쓰임
이 있지만, 내게는 없다"면서 말이야. 그는 앞으로 자신의 전
재산을 기부하겠다는 약속도 했어.

이처럼 뉴스에는 재산이 매우 많은 사람들이 기부하는 이
야기가 종종 나와. 그러나 꼭 돈이 많아야 기부를 하는 것
은 아니야. 적은 돈이라도 기부하는 마음은 다 똑같고 소중
해. 남을 위해 내 돈을 쓰겠다는 마음 그 자체가 정말 귀한 거
잖아?

심지어 돈이 없는 사람도 남을 도울 수 있어. 나누어 줄 돈
이 없다면 관심과 따뜻한 말 한마디를 나누는 것도 큰 도움이
되거든. 미움보다 더 심한 것이 무관심이라는 말, 들어봤어?

소외된 이웃이나 친구에 대한 관심, 이들을 사랑하는 마음은 돈 나눔 못지않게 중요하지.

주변에 친구가 없어 외로워하는 사람이 있지 않나? 몸에 장애가 있어 불편을 겪는 친구가 있나? 이렇게 둘러보면서 그런 사람이 보이면 먼저 다가가서 따뜻한 말 한마디를 건네 봐. 그들에게 분명 큰 힘이 될 거야.

재능 기부도 가능해. 자신이 가진 재능을 자신만을 위해 쓰지 않고 다른 사람과 사회에 기부하는 것을 재능 기부라고 해. 자신이 좋아하고 잘 하는 일을 하면서 다른 사람도 도울 수 있고 사회에 봉사할 수 있다는 것은 참 기쁜 일이지?

특별한 재능이 없다고? 아니야, 걱정하지 마. 가족이 없어서 외롭고 쓸쓸하게 지내는 할머니 할아버지, 고국을 떠나 말도 잘 안 통하는 낯선 곳에서 일하는 이주자분들에게도 말벗이 되어줄 수 있잖아? 몸이 아픈 친구와 함께 놀아주는 것도 훌륭한 기부야.

나눔 가게에 물건을 내놓는 것도 기부하는 방법 중 하나야. 이런 가게는 기증받은 물건을 팔아서 번 수익금을 자선단체에 주는데, 이렇게 하면 여러분은 간접적으로 기부하는 게 되는 거야.

거꾸로 자신에게 필요한 물건을 나눔 가게에서 사는 것도 기부에 동참하는 방법이야. 나눔 가게에서 파는 물건은 비록 중고품이지만, 사용하는 데는 아무런 지장이 없을 정도의 훌륭한 품질의 물건들이야. 지구적인 차원에서 자원을 재활용하므로 환경을 보전한다는 남다른 의미도 있겠지?

돈도 재능도 물건도 없다고? 괜찮아. 그래도 기부는 할 수 있어. 마음만 먹으면 돼. 바로 **시간**을 기부하는 거야. **자원봉사**로 남을 돕는 일은 얼마든지 할 수 있잖아? 자원봉사할 장소를 결정하려면 돈을 기부할 곳을 결정할 때처럼 여러 곳의 홈페이지를 검색해봐. 어떤 도움이 필요한지, 언제 필요한지 등 다양한 정보를 홈페이지에서 찾아볼 수 있어. 쭉 살피다 보면 '와, 이건 내가 잘할 수 있어' 하는 일을 찾아낼 수 있을 거야.

불평등한 사회를 **조금 더 나은 세상**으로

나라 안에 있는 모든 사람의 소득이 모두 같고 재산도 같다면, 금전적으로 제일 평등한 세상이 되겠지? 이런 세상이 되면 이른바 부자라는 말도, 가난이라는 말도 필요하지 않고 사전에서도 이런 단어를 찾아볼 수 없게 될 테지.

그렇지만 인간 사회엔 이렇게 완전하게 평등했던 적이 없어. 특히 인간이 유목 생활을 접고 한곳에서 농사를 짓는 정착 생활을 시작하면서 사람들 사이에 불평등 현상이 본격적으로 나타나기 시작했지. 당시에도 제사장이나 부족장, 그리고 왕 같은 지배계층은 평민이나 노예보다 훨씬 많은 소득과 재산을 가지고 살았잖아?

세상의 많은 것이 달라지고 과학기술이 발달했어도 한 가지 변하지 않고 있는 사실은, 우리가 살고 있는 세상에 불평등이 여전히 남아 있다는 점이야. 사람마다 버는 소득의 크기가 제각각인 탓이야. 여러분의 부모님이 벌고 있는 소득과 친

⑤ 소득 불평등은 곧 부의 불평등으로 이어져.

구의 부모님이 벌고 있는 소득 금액도 다를 거고, 대기업을 소유하고 있는 회장들은 상상을 뛰어넘는 소득을 올리고 있을 거야. 반면에 소득이 전혀 없는 실업자도 있어. 이런 게 바로 **소득 불평등** 현상이야.

소득 불평등은 **부의 불평등**으로 이어지는 경향이 있어. 흔히 **빈부 격차**라고도 말해. 아무래도 소득이 많은 사람이 적은 사람보다 더 많은 재산을 쌓을 수 있을 테니, 시간이 흐르면 소유하고 있는 전체 재산도 더 많아질 수밖에 없겠지?

현대 사회의 가장 큰 문제 중 하나가 전 세계적으로 불평등이 심해진다는 사실이야. 어른들이 활용하는 전문적인 통계를 보지 않더라도, 몇 가지 간단한 통계를 통해서 사람들 사이에 소득이나 부가 얼마나 불평등한지를 쉽게 확인할 수 있어.

백만장자라는 말을 알고 있지? 재산이 백만 달러, 우리나라 돈으로 12억 원이 넘는 사람을 부르는 말이야. 이 기준에 따르면 전 세계에 백만장자가 5,000만 명 정도 있대. 생각보다 많지? 여러분 중에서도 이다음에 백만장자가 될 사람이 있을 거야.

하여간 현재 세상에 있는 백만장자들은 전 세계 인구의 1퍼센트가 채 되지 않아. 그런데 1퍼센트도 되지 않는 백만장자들이 소유하고 있는 재산을 모두 합하면 전 세계 재산의 44퍼센트나 된대. 백만장자들의 재산이 그렇지 않은 사람들의 재산보다 엄청나게 많다는 거야.

조금 더 놀라운 사실을 말해볼까? 이번엔 억만장자 이야기야. 재산이 10억 달러, 우리나라 돈으로 1조 1천억 원 이상인 사람들이지. 전 세계에 억만장자가 2,000명이 조금 넘게 있대. 우리나라에도 35명 정도 있다고 해. 이들 2,000여 명의 억만장자가 소유하고 있는 재산을 모두 합하면 지구상의 46억 명이 소유하고 있는 재산과 같아져. 정말 놀랍지? "2,000명 = 4,600,000,000명"이 성립할 수 있는 게 바로 불평등 현상이야.

네덜란드 출신의 어느 경제학자가 불평등 상태를 재미있게 비유한 적이 있어. 개인의 소득을 그 사람의 키로 표현한다고 가정하고, 지구상의 모든 사람을 키 순서대로 세워보자는 거지. 어떻게 될까? 가난한 사람은 키가 너무 작아 잘 보이지 않을 거야. 돋보기로 자세히 들여다봐야 겨우 보일까?

그리고 키가 1미터도 안 되는 사람들이 그 옆에 주욱 서 있어. 이제 아주 긴 줄의 끝부분으로 갈수록 키가 큰 사람, 즉 소득이 많은 사람이 서게 되는데, 거의 끝쪽으로 가면 얼굴이

⑤ 소득불평등을 키로 나타낸 그림이야.

구름을 뚫을 정도로 키가 큰 부자들이 서 있어. 소득의 불평
등이 이처럼 심하다는 거야.

가난한 사람들에게는 재산이 거의 없어. 재산은커녕 빚만
지고 있는 사람들도 많아. 먹고 입고 자고 치료하는 데 쓰는
돈을 다 합해도 하루에 2,000원이 채 되지 않는 가난한 사람
이 지구상에 7억 명이나 있대. 이 2,000원마저 없어서 굶주리
거나 병에 걸려도 치료를 받지 못하는 사람들도 있고.

어때? 아직도 여러분이 받는 용돈이 너무 적다고 생각해?
용돈이 적어서 기부하지 못한다고 생각해? 우리가 보기엔 적
은 돈일지라도, 다른 누군가에게는 생명 유지를 가능하게 해
주는 엄청난 돈일 수 있다는 것, 꼭 기억하면 좋겠어.

과자 한 봉지를 먹으려는 유혹을 누르고 용돈 1,000원을 절
약한다고 생각해봐. 처음엔 잠시 아쉽겠지. 그렇지만 "그 까
짓것!" 하고 나면 아쉬움과 욕구는 금세 사라져. 식사 시간이

되어 부모님이 만들어주신 맛있는 저녁을 먹고 나면 곧 배가
든든해질 테니까. 그런데 이 1,000원이 가난한 사람에게 전달
되면 아픈 병을 치료하고 깨끗한 물을 마실 수 있는 위대한
돈이 되는 거야.

알아두면 쓸모 있는 돈 이야기
기부를 위한 작은 도움말

"기부는 타인의 삶을 어루만지는 행위입니다."

"작은 일부터 시작해야 위대한 일이 생깁니다."

"돈이라고 다 같은 돈이 아닙니다. 내가 기부했을 때 비로소 그 돈이 사회적 가치로 환원됩니다."

"기부는 지갑을 여는 게 아니라 마음을 여는 겁니다."

돈을 기부하면서 사람들이 남긴 말들이랍니다. 참으로 멋있지요?

전문가들은 기부에도 방법이 있다고 해요. 그러면서 마음이 흡족해지는 기부에 도움이 되는 여러 가지 조언을 제시하는데요, 이 가운데 두 가지만 함께 생각해볼게요.

첫 번째로, 기부하기 전에 계획부터 세우라고 말해요. 소비, 저축에도 계획이 필요하지만, 기부에도 계획이 필요하다는 거예요. 기부하기로 마음먹었다면, 예를 들어 매달 정기적으로 할 것인지 아니면 돈이 생길 때 할 것인지를 계획하라는 거지요. 그리고 무리하지 않는 범위에서 얼마를 기부할 수 있는지를 파